KB199972

겨레를 일깨운 민족의 스승

안창호 리더십

유한준 지음

조국을 사랑하라

Love the Country

LEADERSHIP

머리말

통합의 리더십을 배워 봅시다!

"민족의 등불 그대들이여! 희망을 가져라! 그대는 나라를 사랑하는가? 죽더라도 거짓이 없어라!"

도산 안창호 선생은 대한제국이 멸망하고 암울했던 일제 식민통치 시대에 나라의 자주와 독립, 국민 교육과 계몽을 위하여 일생을 바친 위대한 애국자, 독립운동가, 교육가였습니다.

도산 안창호 선생은 나라의 주권을 일본 침략자들에게 빼앗기고 국가와 국민이 암흑의 터널 속으로 들어가는 길목에서, 10대 소년으로 고향을 떠나 서울 구세학당에서 영어, 세계사, 과학 등을 배우며 새로운 세계와 학문에 눈을 떴습니다.

구세 학당을 마친 뒤 미국으로 건너가 고학을 하면서 교포들을 일깨우고 독립정신과 민족 자각 의식을 심어주었습니다.

한반도 금수강산에서 벌어진 청일전쟁의 참담한 현실을 몸소 경험하고, 강한 나라와 맞설 힘이 없는 나라라는 것을 뼈저리게 느꼈습니다.

주변의 나라들이 우리나라에 와서 싸우는 현실을 통탄하고 이를 타파하기 위해 평생 나라와 겨레를 위해 살기로 결심하고, 독립협회에 들어가 활동하기 시작하였습니다.

또한, 만민공동회를 조직하고, 국권 회복을 목적으로 한 항일 비밀결사단체인 신민회 등 여러 단체를 만들어 독립운동과 민중 계몽운동에 매진하였습니다.

도산 선생은 잔학한 일제에 무력 투쟁으로 항거한 것이 아니라 맨주먹 비폭력 독립운동을 전개하였습니다.

한국 최초의 남녀공학 사립학교를 세우고, 미국과 중국을 오가며 독립정신과 구국의 열정을 불태웠던 도산 안창호 선생의 눈물겨운 리더십은 한국 독립운동사에 찬란하게 빛나고 있습니다.

“나 하나를 건전한 인격으로 만드는 것이 우리 민족을 건전하게 하는 유일한 길”이라고 외쳤던 도산 안창호 선생의 목소리는 아직도 생생합니다.

독립을 열망하면서 일본에 맞섰던 위대한 리더십의 선각자 도산은 이미 세상을 떠났지만, 우리 겨레의 가슴속에 영원히 살아 있을 것입니다.

“나는 밥을 먹어도 대한의 독립을 위하고, 잠을 자도 대한의 독립을 위해서 해 왔다. 이것은 내 목숨이 없어질 때까지 변함이 없을 것이다.”라며 독립운동과 국민 계몽에 앞장섰던 도산 안창호 선생의 교육 정신은 오늘을 살아가는 우리 국민의 귀감이 되고 있습니다.

도산 안창호 선생은 미국 여러 지역에 분산되어 있는 한인 단체들을 모아서 ‘대한인국민회’를 만들고, 홍사단을 창립해 민족운동을 담당할 지도자를 키우고, 국민 계몽에 앞장섰습니다. 상하이 대한민국 임시정부의 내무총장이 되어 임시정부가 하는 일을 널리 알렸습니다.

안중근 의사의 이토 히로부미 저격 사건, 윤봉길 의사의 홍커우공원 의거, 청년학우회 사건 등의 배후 인물로 혐의를 받아 체포되어 감옥살이를 겪는 등 고난의 세월을 보내다가 향년 60세로 숨을 거두었습니다.

민족의 선각자 도산 안창호 선생은 나라를 사랑한다는 것이 무엇이며, 민족의 지도자가 되기 위해서는 어떤 마음과 자세를 가져야 하며, 어떻게 살고 행동해야 하는지 몸소 보여준 민족의 큰 스승이었습니다.

통합의 리더로, 애국지사로, 교육가로 평생을 헌신했던 도산 안창호 선생의 탁월한 리더십, 뛰어난 지도력을 어린이와 청소년들이 배워서 미래 주인공으로서의 꿈과 희망을 키워가기 바랍니다.

유 한 준

CONTENTS

목차

II 국외에서 빛난 리더십

III 민족을 계몽한 리더십

Ⅳ 주인정신을 강조한 리더십

V 민족을 이끈 선각자

VI 민족 개조의 리더십

VII 시련 극복의 리더십

도산 안창호 선생님의 일대기

도산은 신혼 시절 미국으로 망명하여 독립운동을 줄기차게 전개하였다. 아내 이혜련은 한국인 부부로서는 처음으로, 한국 여성으로서는 두 번째로 미국 이민자가 됐다.

미국에서 태어난 도산의 아들딸 3남 2녀는 부모의 국적과 관계없이 출생지를 국적으로 삼는 출생지주의出生地主義에 따라 미국 시민권을 가졌다.

그러나 도산 안창호는 한국 국적을 지킨 애국자였다.

장남 필립은 할리우드 진출 1호 한국인 배우로 이름을 날렸다. 장녀 수산은 미국 해군 최초의 여성 포격 전술 장교로, 해군 특수부대 대위로, 또 비밀 정보 분석가로 폭넓게 활동했다. 막내 필영은 도산이 임시정부에서 활동할 때 태어나 평생 아버지의 얼굴을 한 번도 못 보았다.

- 부모 : 아버지 안흥국安興國, 어머니 황黃 씨의 3남
- 본관 : 순흥順興
- 본적 : 평안남도 강서군 초리면 칠리 봉상도도롱섬
- 출생 : 1878년 11월 9일
- 사망 : 1938년 3월 10일 서울대병원에서 순국
- 호號 : 도산島山
- 직업 : 교육가, 독립운동가, 정치인
- 종교 : 기독교장로교
- 부인 : 이혜련 Helen Lee
- 자녀 : 장남 안필립, 필립 안 Philip Ahn

  차남 안필선, 필슨 안 Philson Ahn

  3남 안필영, 랄프 안 Ralph Ahn

  장녀 안수산, 수산 안 커디 Susan Ahn Cuddy

  차녀 안수라, 수라 안 Soorah Ahn
- 상훈 : 대한민국 건국공로훈장 중장重章

01

암흑시대 개혁 운동가

01 농부의 아들로 태어나

안창호安昌浩는 1878년 11월 9일 평안남도 강서군 초리면 칠리 봉상도에서 태어났다. 봉상도는 도롱섬으로 널리 알려진 곳이다.

평생을 민족 교육과 독립운동에 몸 바치다가 병을 얻어 서울에서 요양 중 1938년 3월 10일 환갑 나이로 세상을 떠났다.

도산에게는'민족의 큰 스승'이라는 칭호와 함께 개혁운동가, 독립운동가, 교육가, 정치인, 종교인 등 여러 가지 호칭이 따랐다.

짧은 육십 평생 일제강점기, 식민 압박에서 벗어나려고 몸부림치면서 폭넓게 활동하였지만, 꿈에 그리던 조국 광복을 보지 못한 채 눈을 감았다. 본관은 순흥 안安씨, 호는 도산島山이며 종교는 기독교의 장로교였다.

도산 안창호는 농부 안흥국安興國의 셋째 아들로 출생하였다. 할

아버지까지 선조들은 대대로 평양 동촌에서 살았다. 그러다가 아버지 때에 가세가 몰락하여 대동강 하류의 도롱섬으로 이사했다.

도산은 여덟 살 때까지 가정에서 《천자문》을 공부하다가 아홉 살이 되던 해에 강서군 심정리로 나아가 이름난 성리학자인 김현진金鉉鎭 서당에서 한학과 성리학, 유학을 배우기 시작하였다.

스승은 할아버지의 친구였다. 도산은 스승이 가르쳐 주는 내용을 그때그때 외워서 절대 잊어버리지 않았다. 글을 읽고 쓰면서 문장의 이해와 추리력이 날로 발전하여 스승의 사랑을 독차지하였다.

"도산은 이해력이 빠르다."

스승은 도산에 대하여 큰 기대를 가지고 관심을 기울여 가르쳤다. 이렇게 한학을 배우기 시작한 지 5년이 흘렀다.

열두 살 때 아버지를 여의고 할아버지 밑에서 자랐다.

그때 도산은 독립해야 한다는 막연한 생각을 갖기 시작하였다. 어린 소년의 그 꿈은 민족주의 사상으로 모락모락 피어올랐다.

서당에서 한학을 배울 때 서너 살 위인 필대은과 함께 공부하였다. 그로부터 여러 가지 이야기를 들었다.

"서울에는 신학문을 가르치는 학교가 있다는데……."

"어떤 곳인데?"

"예를 들면, 미국이나 영국의 역사를 가르치고, 수학과 과학을 가르친다더라."

"그럼 여기서 배우는 한문과는 근본부터 다르잖아?"

"그런가 봐."

도산은 신학문에 대한 궁금증이 생겼다. 그리고 마음속으로 결심하였다.

"신학문이라고? 서울로 가자!"

1894년 청일전쟁이 일어났다. 섬나라 일본이 중국의 청나라를 공격하면서 일으킨 전쟁이다. 일본은 메이지 유신을 선포하고 서방 선진국의 문물을 받아들여 여러 가지 변혁을 단행하여 나라의 힘이 크게 성장하였다.

그때 우리나라는 오랜 전통을 바탕으로 중국의 청나라와 새로 국력이 커진 일본 사이에서 시달림을 당하게 되었다.

1882년고종 19 임오군란에 이어, 1884년고종 21 갑신정변이 일어나자 청나라와 일본은 노골적으로 우리나라 일에 관여하면서 새로운 불씨를 키워나갔다.

드디어 일본은 청나라와 톈진조약을 맺었다. 이는 조선대한제국에 변란이 생겨 군사를 보낼 경우 미리 통고하고, 변란이 해결된 뒤에는 즉시 보냈던 군사를 철수한다는 내용이다.

우리나라에 자기들 군대를 마음대로 보낼 수 있는 야욕을 드러내는 조약이었다. 그러던 중 1894년 동학운동이 일어나자, 당황한 우리나라 조정에서는 동학 농민군을 평정하기 위해 청나라에 지원군을 요청하였다.

청나라 군사 3,000명이 충남 아산만으로 들어오자, 일본은 이에 항의하면서 서울에 와 있는 자기 나라 공사관과 거류민을 보호한다는 핑계로 일본 군대를 파견했다.

청나라와 일본은 조선을 도와주는 척하면서 한반도에서 일대 싸움판을 벌여 조선을 지배하려는 음모를 꾀한 것이다.

이에 위협을 느낀 조정에서는 전북 전주성의 동학 혁명군에 해산 명령을 내린 뒤, 청나라와 일본에 군대 철수를 요구하였다. 그때 우리나라에 와 있던 영국·프랑스·독일·미국 등의 외교관들도 청나라와 일본은 군대를 철수하라고 나섰다.

청나라는 이 요구를 받아들이려고 했으나, 일본을 오히려 군대를 더 많이 파견하면서 전쟁 야욕을 드러냈다.

더구나 서울에서는 일본이 우리 정부의 요인들을 무력으로 위협하면서 일방적으로 친일파 내각을 구성하고 여러 가지 제도를 개혁하는 일에 손을 댔다.

이것이 1894년 갑오개혁의 시작이다.

이를 빌미로 청나라와 일본이 인천 앞바다에서 충돌하는 '풍도해전'이 터졌다. 일본 해군이 청나라 군사를 공격하여 청나라 군사 1,000여 명이 죽었다. 청일전쟁의 시발이다.

전쟁은 충남 성환 지역과 평남 평양 등지에서 일본의 우세 속에 청나라가 계속 밀렸다. 1894년 가을, 청나라 세력은 우리나라에서 모두 쫓겨나고 그 대신 일본 세력이 판을 쳤다. 일본은 중국 산둥반도까지 공격해 점령하였다.

1895년 청일전쟁은 일본의 승리로 끝났다. 드디어 청나라는 할 수 없이 일본과 '시모노세키 강화조약'을 맺었다.

이 굴욕적인 조약으로 청나라는 우리나라와의 모든 관계를 끊고, 중국의 타이완과 만주의 랴오둥반도를 일본에 넘겨주는 수모를 당하고 말았다.

도산은 대원군의 통상 수교 거부 정책으로 나라가 우물 안 개구리 같다는 이야기를 들으며 자랐다. 그러다가 여섯 살 때인 1884년 갑신정변이 일어났고, 1894년에는 갑오개혁과 동학운동, 1897년의 광무개혁 등 커다란 변혁이 잇따라 일어나는 것을 보면서 소년기를 보냈다.

이러한 개혁들은 한마디로 낡은 것을 버리고 새로운 문물을 받아들이는 일대 변혁이었다. 병든 곳을 도려내어 수술하는 것과 같은 것이었다.

그러나 그 개혁들이 시원한 결과를 가져오지 못하였다. 성공을 거둔 것이 아니라 미완성으로 어물쩍 끝나고 말았다. 그로 말미암아 나라의 운명은 더 어두워졌다.

이런 변혁의 소용돌이 속에서 대원군은 물러나고 통상 수교 거부 정책은 빗장을 풀게 되었다.

일본은 운요호 사건을 핑계로 강화도 조약을 맺고 부산 · 인천 · 원산 등 3개 항구를 열어 문호를 개방하라는 요구를 하였고, 우리나라는 그 요구를 들어주었다.

Why

'도산'이라는 호의 내력

안창호의 호는 도산島山이다. 대동강 하류의 고향 마을인 도롱섬에서 따온 것이다. 공조참의를 지낸 안종검의 17대손으로, 세조 때의 재상 안지귀, 중종 때의 정승 안당은 도산의 방계 선조들이었다. 할아버지 안태열은 통덕랑 벼슬을 지냈는데, 가세가 기울어져 아버지 안흥국은 관직을 지내지 못하고 가난한 농부로 생활하였다. 도산의 처음 이름은 치삼이었다. 10세가 되어 서당에 다닐 무렵 이름을 창호로 바꾸었다.

02 대동강 변 소년의 서울 유학

"나라의 힘이 없다. 배워야 한다!"

이런 혼란기를 본 소년 도산은 주먹을 불끈 쥐면서, 교육을 통해 나라의 힘을 길러야 한다고 생각하였다.

도산은 신학문을 공부하기 위해 서울로 올라왔다.

미국 장로교 선교사인 언더우드Underwood가 세우고, 밀러 목사가 운영한 구세 학당, 현재의 경신중·고등학교에 입학하였다. 대동강 변 봉상도 도롱섬 시골 소년이 상투를 틀고 신학문을 배우는 서울 유학생활을 시작한 것이다.

《천자문》을 배우고 한학을 공부하던 소년에게 새로운 세계가 열렸다. 영어를 비롯하여 세계 역사, 수학, 과학 등의 학문을 배우면서 새로운 세계에 대하여 눈을 뜨게 되었다.

도산은 구세 학당을 졸업하고 조교로 근무하기 시작하였다. 그 때 1895년 단발령이 떨어졌다. 상투를 자르라는 명령이다.

"짐이 발髮을 단斷하여 신민에게 고하노니, 너희는 짐의 뜻을 극체 하여 만국으로 병립하는 대업을 이루게 하라."

단발령의 회오리로 장안이 온통 시끄러웠다. 단발령은 머리를 짧게 자르라는 황제의 조칙이다. 명령이 떨어지자 서울 장안에는 통곡의 물결이 일어났다.

"부모님이 물려준 머리카락을 자를 수 없다!"

궁궐에서는 한밤중에 명성황후 시해 사건이 터지고, 광화문 광장에서는 상투를 잘라내는 일이 벌어졌다. 일본 경찰인 순검들이 가위를 들고 서울 4대문을 지키고 서서 출입하는 선비들이 상투를 댕강댕강 잘라냈다. 도산도 상투가 잘렸다.

전국에 선비들이 통곡하며 반항하였다. 이로 인해 전국이 엄청난 혼란에 빠졌다.

도산은 1897년에는 독립협회에 가입하여 일찌감치 독립운동에 뛰어들었다. 독립협회가 겨우 창립 한 돌을 맞은 때였다.

도산의 독립 의지는 횃불처럼 타올랐다. 독립협회에 들어가 활동하는 중에 사실상 독립협회를 만들고 이끌어 가는 서재필徐載弼을 만나면서 자주독립 정신과 민족주의 사상의 영향을 많이 받았다. 서재필은 전남 보성 사람으로 시골에서 한학을 공부하다가 서울에서 공부하고 미국에 유학하여 의학 박사가 되어 귀국한 독립운동의 지도자였다.

서재필이 독립협회를 만든 것은 1896년이다. 독립협회를 만든 것도 큰 이슈였는데, 한글로 된 독립신문도 창간하고 민권을 부르짖어 세상을 깜짝 놀라게 하였다.

도산은 독립협회에서 리더십을 길러 나아갔다.

독립협회에 들어간 뒤부터 도산 안창호의 강인한 리더십이 싹트고 발휘되기 시작하였다.

그때 우리나라는 뚜렷한 사회단체나 조직이 별로 없었다. 전에부터 내려오는 노론, 소론 등의 당파, 수구당, 개화당 등으로 불리는 단체는 있었으나 사실상 막연한 파벌에 지나지 않았다.

사회적으로 어떤 이념이나 목적을 달성하기 위하여 조직되고 활동을 펼치는 단체는 없었다.

그런 시대적 상황에서 갑오개혁 이후 미국 유학을 마치고 돌아온 서재필을 중심으로 유길준·김가진·민상호·이상재·남궁억 등 30여 명이 뜻을 모아 독립협회를 만들었다.

이 협회는 국민에게 개화 정신을 심어주고 독립사상을 고취시키면서 독립운동을 일깨워 주는 새로운 민간단체로 1896년 7월 결성된 것이다. 독립협회는 서재필을 중심으로 독립신문을 발간하면서, 독립문 세우기와 독립공원 만들기를 본격적으로 추진하였다. 협회는 임원을 선출하고 기념사업을 수행하기 위하여 기금 모금에 나섰다. 임원들 스스로 앞장서서 성금을 내놓았다.

첫날 모금한 돈이 50원이었다. 그 당시의 금액으로 결코 적은 돈이 아니었다. 이러한 움직임을 외국인들도 긍정적인 눈으로 바라보면서 독립협회를 가리켜 그야말로 독립협회라는 이름에 적합한 '더 인디펜던스 클럽The Independence Club' 이라고 부르며 관심을 나타냈다.

| 독립협회에 가입한 안창호 (가운데)

독립협회는 독립문을 우뚝 세운 것을 비롯하여 일제 식민 탄압에 맞서면서 일제의 눈치를 보는 조선 정부 관리의 부패와 무능함을 공격하면서 나라의 독립과 민족의 자립, 국민의 민권, 개인의 자유사상을 개척하는 등 놀라운 일들을 해내 그 업적을 찬양 받았다.

도산은 민간인으로서는 최초의 사립학교인 점진 학교를 세웠다.

구세 학당을 졸업한 안창호는 잠시 구세 학당 조교로 있다가 고향으로 내려와 점진 학교를 세워 교육에 헌신하는 한편, 교회를 세워서 고향 사람들의 계몽을 위해서 부지런히 일하였다. 점진 학교는 최초의 근대 교육 기관으로 남녀공학의 초등학교였다.

독립협회가 만민공동회로 발전함에 따라 평양에서 관서 지부 조직을 맡게 되었다. 도산은 필대은과 함께 관서 지부 결성식을 평양 쾌재정에서 개최하였다.

수백 명이 모인 자리에서 도산은 독립을 외치면서 우리가 해야 할 옳은 일과 하지 말아야 할 일을 조목조목 설명하면서 열변을 토했다.

"우리가 일본의 탄압을 받는 것은 이완용의 매국 행위 탓입니다. 그러나 이완용만의 잘못이라고 욕할 것만도 아닙니다.

우리 모두의 책임입니다. 잃어버린 국권을 찾아야 합니다. 우리가 독립해야 하는 일은 하늘의 명령입니다. 이 명령을 받아들이려면 우리가 깨어나야 합니다. 실력을 길러야 합니다. 나라의 독립 없이는 국민의 자유 생존권도 없소이다!"

무능한 정부와 부패한 관리들을 통렬하게 비판하면서, 국민의 각성을 촉구하는 도산의 연설에 청중들이 환호하였다.

"와! 젊은이의 열기가 대단하다!"

도산은 이 연설로 명성을 얻었다.

서울로 돌아온 도산은 이상재 · 윤치호 · 이승만 등과 함께 종로에서 만민공동회를 열었다. 가는 곳마다 열띤 웅변으로 청중들을 사로잡았다.

도산은 민중 계몽운동과 국민의 자각을 일깨워 주는데 더욱 열심히 헌신하였다.

독립협회가 만민공동회를 통해 거리로 나와 집회를 열면서 일종의 시민 궐기대회처럼 변하였다. 그해 가을 궐기대회는 정부 성토대회처럼 뜨겁게 달아올랐다.

"5흉, 3간신, 10대신 물러가라! 물러가라!"

시민들이 종로 네거리에서 구호를 외치며 3일 연속 시위를 벌였다. 5흉은 조병식·이기동 등 다섯 사람이고, 3간신과 10대신은 일본에 아부하는 간신들을 지칭하는 것이었다. 성난 시위대는 시위를 하고 구호만을 외치는 것이 아니라, 5흉 3간신들의 집에 불을 지르는 등 난폭해졌다.

드디어 독립협회와 황국협회가 맞붙어 피를 흘리는 난투극이 종로 네거리에서 벌어졌다.

그 와중에서 젊은 교육자이자 독립운동가 도산은 자신의 역량이 많이 부족하다고 스스로 느꼈다.

로스앤젤레스에서 서재필(왼쪽)과 안창호(오른쪽)

점진 학교漸進學校

1899년 도산이 고향 마을인 강서에 세운 학교이다. 민간인이 세운 최초의 사립학교인 동시에, 남녀공학을 실시한 최초의 학교이기도 하다.

빼앗긴 나라를 다시 찾으려면 어린 새싹들을 교육하는 일이 무엇보다 먼저다. 그런 생각으로, 구국 운동의 이념으로 민족교육을 외친 도산의 생각을 담아 놓은 곳이다.

공부와 수양을 계속하여 민족의 힘을 길러야 한다는 그의 점진론漸進進을 바탕으로 세운 학교라 이름도 점진 학교라고 붙였다.

03 미국 유학 시절

도산은 구세 학당 보통부를 졸업한 뒤 잠시 고향으로 내려왔다. 그때 할아버지 안태열은 전주이씨 이석관李錫寶의 장녀 이혜련李惠練과 약혼시켰다. 이혜련은 서울 정신여학교현재의 정신여고 출신으로 13세 소녀였다. 16세의 도산은 자신의 의지와 상관없는 일방적인 약혼이라며 할아버지에게 파혼을 주장했으나 관철되지 않았다.

1900년으로 접어들면서 일본의 침략 행위에 맞서는 구국 운동 단체와 애국 시민 단체 등이 생겨났다. 그런가 하면 일본 침략주의에 빌붙어 일본의 앞잡이 노릇을 하는 매국노 친일 단체도 생겼다. 이런 혼란기 속에서 도산의 독립정신은 더욱 강렬하게 불타올랐다.

"더 배워야 국민을 계도하고 남을 제대로 가르칠 수 있다."

도산은 1902년 할아버지가 정해준 대로 이혜련과 결혼하였다.

혈기왕성한 청년 도산은 결혼 후 더 넓은 포부, 더 큰 꿈을 안고 미국 유학을 결심했다. 그때 그의 나이는 24세였다. 1902년 11월 4일 아내와 함께 배편으로 출국, 일본 동경에서 1주일을 머문 뒤 미국으로 건너간다.

아는 사람 하나도 없는 낯선 땅 이국만리, 공부하겠다는 생각 하나로 찾아간 곳이 미국 서부 샌프란시스코였다. 그곳에서 아내와 함께 청소부로 일하면서 공부에 매달렸다. 오직 우리나라의 독립을 위하고, 민족을 계몽시키기 위하여 헌신적으로 일하면서 부지런히 공부하는데 모든 열정을 다 바쳤다.

그러던 어느 날 참으로 실망스러운 장면을 보았다. 길가에서 한국 사람들끼리 서로 싸우는 것이었다. 도산은 뒤엉켜 싸우는 두 사람을 떼어 놓고 싸움을 하는 까닭을 물어보았다.

"만리타국 남의 나라에 와서 왜 싸우는가?"

"저 자가 내 구역에 와서 장사를 한다."

"네 구역, 내 구역이 어디 있는가?"

이들은 인삼 판매 구역 문제로 시비가 붙어서 싸우는 것이었다. 이 말을 들은 도산은 참으로 부끄러움을 느꼈다.

| 초기 미국에 유학했을 당시의 안창호

당시 한국 사람들은 중국 사람들을 상대로 인삼 장사를 하고 있었다. 그들은 나름대로 인삼 판매 구역을 설정하고 판매를 하고 있었다. 그러나 그 구역이 정확하게 구분되지 않아서 서로 간의 이해관계에 따른 다툼이 일어나는 일이 종종 벌어졌던 것이다.

더구나 한국 사람들끼리 인삼 판매 구역을 놓고 싸운 사건을 계기로 도산은 놀라운 사실을 알게 되고, 엄청난 충격을 받았다. 충격적인 이야기는 미국 사람들이 한국 사람들을 가리켜 공공연하게 하는 말이다.

"코리안, 미개인들이다."

"나라를 잃고 독립할 자격도 없는 사람들이다."

도산은 분개하였다. 나라를 빼앗기고 만리타국 미국까지 와서 이런 모욕적인 말들을 듣고 살아가는 교포들의 처지가 너무나 서글펐다. 도산은 두 주먹을 불끈 쥐었다. 여기 있는 동안 재미교포를 위해서 일하겠다고 굳게 다짐하였다.

인삼 행상들의 영업 구역을 평등하게 만들어서 이해관계에 따른 다툼이 없도록 조정하는 한편, 인삼 가격을 협정하여 지나친 출혈 경쟁이 없도록 하였으며, 협동 계契를 만들어서 인삼 행상들이 정당한 판매 활동을 통하여 열심히 일하고 또 판매에 따라 정직한 보상을 받도록 하였다.

도산은 교포들의 집을 찾아다니며 집 안팎을 깨끗하게 청소하고, 커튼을 달아주며, 꽃도 심어서 화단을 정리하는 등 주변 환경 정화에 정성을 기울였다. 교포들의 주택이며 그 주변을 깨끗하게 만들어 주었다.

이렇게 몇 달이 지나자 재미교포들의 삶이 눈에 띌 정도로 변하였다. 재미교포들을 대상으로 한인친목회를 조직하고 회장에 취임하여 재미교포들의 권익을 보호하는 일에 발 벗고 나섰다. 한인친목회 안에 야간학교를 만들었다.

공부하겠다고 미국으로 건너온 도산이 우리 교포들부터 깨우쳐야겠다며 만든 학교였다.

1905년은 도산에게 특별한 한 해였다. 3월 29일 장남이 태어난 것이다. 한국인 부부가 미국에서 낳은 최초의 사람으로 기록되어 있다. 도산은 아들의 이름을 안필립安必立이라고 지었다.

불타는 독립정신

도산의 독립정신은 활활 타올랐다. 독립은 남에게 의지하지 않고 스스로 살아가는 사람, 나라와 민족이 다른 나라의 지배를 받지 않고 독립 국가를 이루어 독립권을 가진 나라이다. 일반적으로 독립을 말할 때는 식민지로 나라를 빼앗겼거나, 강대국의 속국屬國이 되어 통치 지배를 받는 나라들이 자주적인 주권을 되찾는 것이다.

독립을 위해서는 압박을 받는 굴레에서 벗어나야 하는데, 국민이 모두 힘을 모아 독립 투쟁을 통하여 성취하는 경우와, 두 갈래로 분리되어 있던 국가가 하나로 통일되어 새로운 독립 국가로 발족하는 경우가 있다.

우리나라의 독립운동은 일본이 강탈한 식민 정책으로부터 벗어나려고 투쟁하던 중에 일본이 미국과의 전쟁에서 패망으로 이룩된 특수한 상황이다.

제2차 세계대전은 독일-일본-이탈리아 등의 동맹국이 미국-영국-프랑스-러시아 등 국제연합군과의 싸움이었는데, 연합군의 승리로 1945년 끝났다. 이로써 우리나라는 일본으로부터 독립하였으나 남북으로 분단되고 한반도안에 두 개의 정부가 들어서는 복잡한 문제를 지니고 있다.

04 활기찬 구국운동

일제의 삼엄하고도 잔학한 무력 통치 아래에서도 독립운동은 맥이 끊어지지 않고 국내외에서 줄기차게 일어났다.

일제의 탄압을 피해 미국 · 러시아 · 만주 · 중국 등 여러 나라로 피신 또는 망명한 애국지사들이 광복단, 국권 회복단 등을 만들며 독립운동을 벌였다.

도산은 광무 9년1905 미국에서 공립협회를 창립하고 상부상조와 조국 광복을 목적으로 활발한 운동을 전개하면서 뛰어난 리더십을 보여주고 인정을 받았다.

그런데 일본이 우리나라의 주권을 강탈한 을사늑약을 체결했다는 뉴스가 서울로부터 미국으로 날아들었다.

을사늑약은 1905년 을사년에 일본이 한국 침탈의 전제 조치로서 맺은 조약인데, 을사년에 맺었다 하여 을사5조약, 을사보호조약, 제2차 한일협약 등 여러 이름으로도 불린다.

조약의 주요 내용은 한국 외교권을 박탈하여 국제무대에서 한국을 고립시키고, 서울에 일본 통감부를 설치하여 우리나라를 자기들 마음대로 다스린다는 것 등 5개 조항이다.

이 조약은 대한제국 고종 황제와 체결한 것이 아니었다. 총리대신 한규설, 탁지부 대신 민영기, 법무대신 이하영 등이 일본 헌병들의 협박 속에서 목숨을 걸고 반대하였으나, 학부대신 이완용, 군부대신 이근택, 내무대신 이지용, 외부대신 박제순, 농상공부대신 권중현 등이 일본 특명전권공사 하야시 곤스케와 맺은 것이다.

조약에 찬성한 대신들은 매국노 또는 을사5적이라는 지탄을 받았다.

을사늑약이 체결되자 국민은 크게 놀랐다. 이건석, 민영환, 조병세 등 우국지사들은 나라의 주권을 강탈당했다며 스스로 목숨을 끊어서 항의하고, 전국에서 의병이 일어나면서 항일 구국 운동이 벌어졌다.

마침내 고종 황제는 황제 직위에서 강제로 퇴위를 당하고, 우리나라의 통치 외교권을 모두 일본이 행사하기 시작하였다. 미국에서 을사늑약 뉴스를 들은 도산은 자기 가슴을 주먹으로 치면서 통분하였다.

"조국으로 돌아가서 독립운동을 하자!"

도산 안창호는 단신으로 귀국길에 올랐다. 고국 품으로 돌아온 도산은 독립운동에 뜻을 둔 동지들을 모으기 시작하였다.

독립운동은 철저한 배일排日정신과 민족사상이 투철한 동지들이 필요하다고 생각한 도산이다. 그런 동지들을 찾아다니며 소리없이 활동하였다.

그런데 소문이 먼저 앞섰다. 여기저기서 뜻있는 동지들이 모여들었다. 이갑 · 전덕기 · 양기탁 · 안태국 · 이동녕 · 이동휘 · 조성환 · 신채호 · 노백린 등 동지들과 뜻을 모았다.

이렇게 하여 미국에서 신학문을 배우고 귀국한 도산이 일본의 식민 정책을 반대하고 규탄하는 애국 인사들을 규합하여 비밀결사대로 신민회新民會를 만들었다. 신민회는 도산이 귀국 후 강력한 리더십을 보여준 첫 활동 무대다.

"도산의 귀국을 환영하오!"

"고맙소! 환영에 감사하나, 기쁨에 잠길 때가 아니오. 꺼져가는 나라의 횃불을 다시 살려야 하오."

도산의 의지를 아무도 꺾을 수 없었다. 그는 신민회의 목표에 대하여 논리 정연하게 설명하였다.

"우리 신민회는 이름 그대로 새로운 백성이 되는 것이요. 우리의 목표는 정치 · 경제 · 교육 · 문화 등 여러 분야에서 진흥운동을 전개하여 국가의 실력을 기르고 국민들을 계도하자는 것이요."

"그렇소! 우선 국민들의 의식부터 깨어나야 합니다."

모두가 한마음이 되어 뜨거운 박수로 화답하였다.

신민회 회원들은 한 사람 한 사람 모두가 투철한 애국사상과 구국의 의지가 강한 사람들이다. 그런 사람들 가운데서 엄밀하게 가려내어 신민회의 주요 임원으로 삼고, 네 가지 행동 강령을 정하였다.

1) 국민들에게 민족의식과 독립사상을 심어준다.
2) 동지를 모으고 단합하여 국민운동의 힘을 결집한다.
3) 여러 곳에 교육 기관을 설치하여 청소년 교육을 진흥시킨다.
4) 각종 단체를 만들어 재정을 확립하고 국민의 부력富力을 증진시킨다.

신민회는 〈대한매일신보〉를 기관지로 발행하면서 치밀한 비밀조직으로 민중 계몽운동을 펼쳐나갔다. 만일에 신분이 노출되면 일본 경찰에 체포되어 그날로 목숨이 날아갈 판이기 때문이었다. 그래서 회원들 사이에서도 절대 비밀을 철저하게 지켰다.

모든 회원은 회의 명령에 따라 생명과 재산을 내놓고 구국 운동에 뛰어들 각오와 자세가 확고하게 되어 있는 사람들만 받아들였다. 이렇게 까다롭고도 엄격한 과정을 거쳐 회원으로 들어왔는데 그 수가 무려 800명에 이르렀다.

도산은 신민회 조직에 이어 두 번째 일로 평양에 대성학교를 세워 2세 교육에 정진하였다. 대성학교는 김진후의 희사금 2만원과 오치은의 재정적 원조를 얻어 세운 학교다. 교장에는 윤치호를 초빙하였다. 그런데 대성학교의 체육 시간이 군사훈련 같다고 알려지면서 당국의 신경을 건드렸다. 강건한 신체와 정신을 단련하는 과목으로 중요한 체육 시간에 많은 학생들과 교육자들이 환호하였다. 학생들은 체육 수업 시간에 운동장에서 곤봉을 둘러메고 '행보가'를 부르며 행진하였다.

"일본의 무력 앞에 힘없이 쓰러진 나라를 다시 일으켜 세워야 한다. 나라의 군대가 해산당한 지금 우리 학생에게 가장 필요한 것은 체육 시간을 통해서 강인한 체력을 기르는 것이다."

도산은 가끔 학생들에게 야간에 비상소집령을 내려 험한 산 계곡이나 공동묘지를 돌아오게 하여 담력을 기르는 훈련을 실시하기도 하였다.

일본 통감부는 이에 대해 학생들에게 전술훈련이나 군사훈련을 시켜서는 안 된다며 트집을 잡기 시작했다.

그래서 통감부와 수시로 마찰을 빚었다.

도산은 대성학교 교육이 뜻대로 전개되자, 다시 평양과 대구에 태극서원太極書院을 설립하여 출판문화운동을 본격적으로 펼쳤다. 또한, 평양에 도자기 회사를 세워 산업 부흥에도 힘썼다. 이렇게 정치 · 교육 · 경제 · 문화 등 여러 방면의 일을 의욕적으로 추진하면서 국가 경제 부흥과 국민 계도에 힘썼다.

일본 탄압에 항의하여 독립운동을 전개하는 청년학우회를 신민회 산하 기관으로 만들어 항일 독립운동을 펼쳤다. 청년학우회는 전국에서 유능한 청년들을 모아 무실역행務實力行 사상을 바탕으로 삼아 후진들을 미래의 지도자로 길러주기 위한 조직이었다.

무실역행은 참되고 실속 있게 힘써 실행함을 근본으로 삼은 것을 말한다. 청년학우회는 뒷날 흥사단興士團의 모체가 되었다.

그러나 도산은 청년학우회 회장직을 맡지 않고 박중화를 회장으로 선임하고, 총무에 이돈녕, 회의 담당에 최남선 · 김좌진 · 이

회영 · 장도순 등을 임명하였다.

회장을 맡지 않는 연유는 여러 조직의 장을 혼자서 맡는다면 효율성이 떨어지기 때문이라는 생각에서다.

이때 회의 담당을 맡은 최남선은 ≪소년少年≫ 잡지를 간행하고 있었다. ≪소년少年≫ 잡지는 어린이를 위한 한국 최초의 월간 잡지 간행물이었는데, 1908년 11월호 창간호 권두언에 이렇게 썼다.

> 우리 대한大韓으로 하여금 소년의 나라로 하라.
> 그리하려면 능히 이 책임을 감당하도록 그를 교도하라.

독립운동가로 활동한 육당 최남선은 뒷날 기미년 3월 1일 독립운동 때 '독립선언서' 초안을 작성하여 일본 경찰에 체포되어 옥고를 치렀다.

≪소년少年≫ 잡지

육당 최남선이 1908년 11월 어린이를 위해 창간한 한국 최초의 월간 잡지다. 최남선은 일본에서 대학을 다니다가 중도에 포기하고 귀국한 19세의 청년으로 ≪소년≫ 잡지의 편집인 겸 발행인으로 활동하였다.

다음 해 도산이 만든 신민회 산하 기관 청년학우회에 들어가 독립운동을 펴면서 ≪소년≫ 잡지를 계속 발행하는 데 힘을 쏟았다.

어려움 속에서 ≪소년≫ 제4권 통권 2호에 박은식의 글 〈왕양명 선생 실기〉를 실었다. 총독부는 이 글의 내용을 트집 잡아 발행 정지 처분을 내렸다.

≪소년≫ 잡지는 근대적 형식을 갖춘 한국 최초의 어린이 월간, 청소년은 물론 일반 어른들까지 동참하고, 어문語文 일치의 문장을 처음 시도하고 서구 사회의 톨스토이, 바이런, 테니슨, 엘리엇 등의 작품과 ≪걸리버 여행기≫, ≪로빈슨 표류기≫, ≪이솝우화≫와 신체시를 발표하는 등 많은 공적을 남겼다.

05 감옥 그리고 망명

잔학한 일제는 청년학우회를 조직하고 뒤에서 독립운동을 지휘하는 도산 안창호가 눈엣가시였다. 미국 유학을 마치고 귀국하자마자 국민 계몽운동과 구국 독립운동을 줄기차게 전개하는데 그를 따르는 사람들이 점점 많아졌기 때문이다.

무슨 핑계를 대더라도 도산의 활동만을 막아야겠다고 벼르는 것이었다. 도산이 그걸 모를 리가 없었지만 구국 운동을 멈출 수는 없었다. 동지들이 걱정스럽다며 조용히 말했다.

"왜경의 눈초리가 몹시 사납소!"

"괘념치 않아, 당연한 일이니까!"

"그러다가 신변에 어떤 위험이라도……."

"감옥에 처넣겠지, 그러나 죽이지는 못할 거야."

도산의 의지는 너무나 분명하였다. 그러나 일본 경찰이 노리는 올가미의 마수가 서서히 다가오는 것이었다.

도산보다 한 살 아래인 안중근安重根 의사가 우리 민족의 원흉인 이토 히로부미이등박문를 하얼빈에서 1909년 10월 26일 저격하는 역사적인 사건을 일으켰다.

안중근은 이토가 러시아 재무장관인 코코프체프와 회담하기 위해 우리나라를 거쳐 열차 편으로 만주 하얼빈역에 도착하여 열차에서 내리는 순간, 그를 향해 권총 세 발을 쏘았다. 그 세 발의 총알이 이토의 배와 등을 명중시켜 그 자리에서 즉사케 한 것이다.

일본은 이 사건을 도산에게도 억지로 뒤집어 씌워 이토 저격 사건과 연관이 있다며 체포하였다.

"이 사건을 뒤에서 조종한 증거가 있다."

"엉터리 증거로 나를 괴롭히지 말라."

"자백하면 풀어주겠다."

"자백할 것이 없다."

"이토는 우리의 영웅이다."

"너희에게는 영웅인지 몰라도 우리에겐 원흉이다."

심문을 하루에도 몇 차례씩 이어졌다. 그러나 도산은 그들의 잔꾀에 속아 넘어가지 않았다. 이로 인해 도산은 감옥에 들어가 모진 고초를 겪으며 3개월간 시달리다가 석방되었다.

도산이 중국으로 망명한 뒤 도산이 이끌던 우리 단체들은 일본 경찰로부터 더욱 압박을 받았다. 그러던 중에 일본을 놀라게 하는 또 다른 큰 사건이 일어났다.

1910년이 거의 저물어 가던 12월 27일, 안중근 의사의 4촌 동생 안명근安明根이 초대 조선 총독인 데라우치 마시타케를 암살하려다가 미수에 그쳤다. 데라우치가 압록강 철교 준공식에 참석하고자 신의주에 간다는 정보를 입수하고, 신의주 이웃인 신천역에서 그를 저격할 계획을 세우고 잠복 중에 발각되어 체포되고 말았다.

일본 경찰은 데라우치 마사타케 총독 암살 모의 사건에 신민회와 청년학우회 회원들이 다수 관여했다는 엉터리 문건을 만들어 신민회의 윤치호 · 이승훈 · 양기탁 · 유동렬 · 이동휘 등 민족 지도자 60여 명을 포함한 '105인 사건' 을 조작하여 무더기로 체포하였다.

이렇게 하여 신민회와 청년학우회 회원들도 다수 체포당하는 엄청난 회오리바람에 휩쓸렸다.

일제 재판부는 속결 재판을 통해 끔찍한 형량을 선고하였다.

안명근 종신형, 김구 등 7인 징역 15년, 도인권 징역 10년,

울릉도와 제주도 귀양 40명…….

안명근은 종신 징역형을 선고받고 10년을 옥살이하다가 출옥하여 만주로 망명하였다.

더구나 일제는 '105인 사건' 이후 황해도 일대의 민족 세력을 소탕한다면서 신민회를 탄압하기 시작하였다. 그러더니 평안도까지 탄압의 손을 뻗쳤다.

이로 인하여 700여 명이 체포되고 100여 명이 5년에서 10년의 징역형을 받았다. 이들이 불복하여 항소한 재판에서 안태국 · 윤치호 · 이승훈 등 6명만이 주모자로 유죄 판결을 받고 나머지는 모두 무죄로 풀려났다.

이로 말미암아 많은 회원들이 감옥에 갇히고 외국으로 망명하는 사태에 이르렀다.

일제 침략의 개요

우리나라는 대원군의 통상 수교 거부 정책으로 국운國運이 기울어져 가고 있었다. 1864년 갑자유신 선포를 계기로 일대 혁신 정치가 시도되면서 근대사의 물결이 일어났다.

그러나 이런 시도는 성공하지 못하고 대책 없는 문호 개방과 함께 일제 침략으로 이어지는 결과를 가져왔다.

1876년 일본의 외교에 굴복하는 강화도 조약인 병자 수호조약을 맺었다. 1882년에는 임오군란이 일어나고, 1884년에는 갑신정변이 일어났다.

이런 일련의 사태들은 안정은커녕 혼란만 키웠다. 이로 인하여 1894년 동학혁명이 일어났고, 동학군을 제압하여 난을 평정한다는 구실로 청나라와 일본 군대가 한반도에 들어왔다.

결국, 한반도에서 청일전쟁이 벌어졌고, 일본이 승리하면서 한반도는 일본의 지배를 받는 세상처럼 변하고 말았다.

이에 분노를 일으킨 의병이 전국 곳곳에서 일어나 왜병들과 싸우기 시작하면서 의병전쟁은 20여 년간 계속되었다.

또한, 뜻있는 선각자들이 민족 계몽을 통한 나라 바로잡기 운동에 나섰다. 이것이 우리나라 독립운동의 도화선이 된 것이다.

02
국외에서 빛난 리더십

01 일본의 유혹을 뿌리치고

일본 경찰은 도산을 얽어매려는 획책이 끝내 이뤄지지 않자 다음 해 1910년 봄, 일제 통감부에 도산 내각島山內閣을 조직하자고 권유하였다.

"새 내각을 조직하여 운영하도록 특별 배려를 하겠소!"
"무슨 소리인가?"
"도산 내각을 수립하자는 것이오."
"그림을 그려 보겠다."

도산은 독립운동을 못 하도록 옭아매려는 음모라는 것을 즉각 알아챘다. 도산 내각은 안창호 내각을 세워 일본의 허수아비 내각을 구성하려는 획책이었다. 그러나 도산은 내각 조직의 그림을 그

려보겠다며 일제의 간교한 속임수의 올가미에서 한 발짝 비켜섰다. 일본의 음모를 훤히 꿰뚫어 내다본 것이다.

도산은 일제의 잔학한 마수에서 벗어나는 일이 급하였다.

행주에서 열차를 타고 출발, 신의주를 거쳐 압록강 철교를 건너 만주로 망명의 길을 떠났다. 이때 거국가去國歌라는 노래를 짓고, 정처 없는 장기간 망명의 길로 들어서기 시작한 것이다. 중국의 베이징, 칭다오를 거쳐 상하이, 러시아의 블라디보스토크 등지를 돌며 유랑을 다녔다. 그러다가 칭다오에서 독립운동을 계획하는 인사들과 만났다.

"강력한 군대가 있어야 하는데……."

도산은 혼자 걱정에 휩싸였다. 만주는 고구려 때 우리나라 영토였다. 그런 관계로 우리 동포들이 많이 살고 있는 지역이다. 더구나 우리나라와는 압록강과 두만강을 경계선으로 하고 있어 서로 왕래하기가 수월하다. 그런 지리적 여건과 주민들의 생활상으로 일제 강압 속에서 독립운동을 하던 수많은 애국자들이 국내에서 일본 경찰에 쫓기다가 쉽게 망명할 수 있는 곳이다.

도산은 만주의 특성을 고려하여 북만주에 한국군 지도자를 양성하는 무관학교를 세우려고 생각하였다. 몇몇 망명 동지들과 이

문제를 협의하였다.

"무관학교는 꼭 필요합니다."

"자금 조달이 관건입니다."

그러나 도산은 급진파의 반대로 뜻을 이루지 못하였다.

"아! 여기는 망명지라 국내 사정과는 사뭇 다르다."

모두가 필요하다고 인정하면서도 운영 자금을 걱정하는 것이었다.

도산도 그게 걸림돌이라고 생각하고 있지만 뾰족한 방안이 떠오르지 않았다. 궁리만 하다가 끝내 무관학교 문제는 포기하고 그 계획을 접었다.

도산은 시베리아를 거쳐 1912년 다시 미국으로 건너갔다. 샌프란시스코에서 대한인국민회大韓人國民會 중앙회를 조직하였다. 이 조직을 통해 미국과 멕시코 지역에 살고 있는 한국 사람들을 대한인국민회로 끌어들여 단결시키는 바탕을 만들었다.

대한인국민회 총회 회관

타국에 나와 살고 있는

국민회 하와이 지방총회 임원

교포들을 위한 민족 계몽 기관이자, 독립운동 단체인 동시에 민주주의를 배우도록 이끌어주면서 정치 운동의 중심 역할을 하도록 한 것이다. 그때 국내 사정은 암흑시대와 함께 민족의 수난이 더 깊어지고 있었다. 일제의 삼엄한 통제 속에서도 독립운동의 맥이 끊어지는 일 없이 줄기차게 이어졌다. 광복단, 국권 회복단이 생기면서 독립운동은 더욱 활활 타올랐다.

국외로 망명한 애국지사들은 미국 윌슨 대통령이 발표한 민족자결주의에 고무되어 독립 전선으로 나섰다. 만주에서 독립운동가들이 대동단결 선언서를 발표하고, 그 뒤를 이어 일본 도쿄에서 유학생들이 2·8 독립선언서를 발표하였다. 이에 자극을 받은 국내에서도 손병희 등 민족 대표 33인이 3·1 독립선언서를 발표하였다. 이것이 3·1 독립만세운동의 불씨였다.

경술국치 庚戌國恥

대한 제국 융희 4년인 1910년은 일제의 간악한 잔꾀에 휘말려 대한제국의 등불이 꺼지는 시기였다.

조선 고종 당시의 내각인 이완용 총리대신과 일본 통감 데라우치 마사타케 사이에 국권 침탈 조약을 맺었다. 한국을 일본에 넘겨준 이 조약을 흔히 '한일합방'이라고 이른다.

조약의 골자는 한국의 외교권을 송두리째 일본이 빼앗아 손에 쥐는 내용이다. 1910년 8월 22일 맺은 조약인데, 일본이 쉬쉬하며 감추다가 1주일 뒤인 8월 29일에야 발표하면서 그 면모가 드러났다.

이 조약을 근거로 일본은 한국의 경찰을 폐지하고 일본 헌병경찰 제도를 실시하고, 이완용을 앞세워 고종을 협박하여 조약 문서에 강제 날인을 받아냈다.

이로써 조선왕조는 태조 이성계가 건국한 지 제27대 왕 519년 만에 멸망하고 우리나라는 일본의 식민지가 되고 말았다. 이날이 경술년 8월 29일이라 '경술년 국치일'이라고 이른다.

02 민족 개혁에 앞장

이듬해에는 홍사단興士團을 만들었다. 홍사단의 목표는 독립운동과 민족 개혁을 근간으로 삼고 무실, 역행, 충성, 용감함과 지덕체智德體를 갖춘 건전한 인격, 단결 훈련, 국민 모두 일하기 등에 중점을 둔 인격 수양 단체이다.

도산은 홍사단의 목적을 이렇게 밝혔다.

"홍사단의 목적은 무실역행으로 생명을 삼고 충의 남녀를 단합하여 정의情誼를 돈수하고, 덕체지 삼육三育을 동맹 수련하여 건전한 인격을 육성하며, 신성한 단결을 조성하여 우리 민족 진도 대업의 기초를 준비함에 있음이다."

여기서 정의는 서로 사귀어 친하게 되는 것이고, 돈수는 참뜻

로스앤젤레스의 흥사단 단소 겸 안창호 살림집의 흥사단원들

을 깨달아서 머리가 땅에 닿도록 겸손하며, 지덕체智德體의 세 가지를 덕체지로 바꾸어 먼저 덕성을 쌓고, 다음 체력을 기르며, 그 다음에 지식을 기르자고 강조하였다. 그렇게 하여 우리 민족이 나아가야 할 크나큰 대업 곧 독립을 이룩하는 바탕을 마련하자는 굳은 의지를 밝힌 것이다.

흥사단의 기본 교육 목적을 정의 돈수에 두고, 교육 원리의 방법을 성실성과 점진성을 강조하였다. 사람이 서로 믿고 의지하며 지켜야 할 일을 밝혀준 것이며, 거짓이 없고 맑고 깨끗한 마음으로 모든 일에 정성을 다하고 진실을 다하자는 약속이다.

정성과 진실을 민족 개조의 가장 근본 원리로 삼은 것이다.

흥사단은 처음에 미국 로스앤젤레스에서 안창호가 중심이 되어 만들었다. 국내에서는 1920년대부터 전개되었다. 흥사단 운동은 오늘날까지 계승되고 있다.

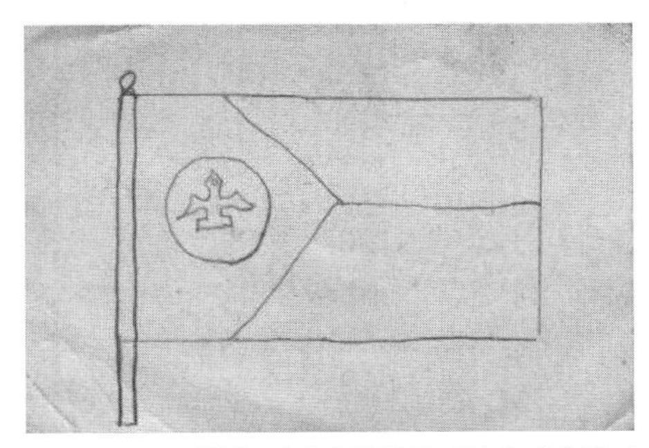
안창호 선생이 직접 도안한 흥사단 단기

도산은 1919년 3·1 독립만세운동이 일어난 뒤 애국지사들이 모여 있는 상하이로 갔다. 상하이 임시정부 경무국장인 백범 김구金九는 안창호를 반갑게 맞아 주었다. 백범은 도산이 만든 신민회 비밀회의도 참석한 관계로 도산을 이미 잘 알고 있었다. 도량이 크고 리더십이 특출한 지도자라며 독립운동의 동지라고 굳게 믿었다. 그런 도산이 찾아왔으니 천군만마를 얻은 것처럼 마음이 든든하였다. 더군다나 미국 유학을 다녀온 청년이라 세계적 감각이 남다르다고 여겼다.

도산은 황해도 해주에서 출생한 백범이 두 살 위라 형님이라며 그의 독립 의지를 높이 받들고 있었다. 신민회에 황해도 대표로 참석했던 백범을 비범한 지도자로 이미 꼽고 있었다. 해서황해도 교육회 총감을 지냈고, 안악에 안산 학교, 재령에 보강 학교를 세운 교육가로서의 백범을 존경해온 도산이다.

"도산! 할 일이 많소!"

"백범 형님! 나라의 앞날이 걱정입니다."

"그렇다고 낙담만 하며 세월을 보낼 수는 없지.

독립을 쟁취해야 하오!"

"독립운동은 광복되는 날까지 계속돼야 합니다."

"암! 그렇고말고……."

도산은 백범과 같은 마음 같은 뜻을 가지고 오랫동안 긴 이야기를 나누었다.

약속의 땅

"나라가 망했다! 새로운 땅을 찾아가자." 일제의 식민 정책으로 국민들이 국외 여러 곳으로 흩어지는 민족의 이산 시대가 일어났다.

가장 가까운 곳이 만주였다. 압록강이니 두만강을 건너가면 바로 만주 땅이다. 1910년에 만주 젠다오간도로 간 사람이 10만 명 정도였는데 1918년에는 6배나 불어난 60여 만 명에 이르렀다. 그만큼 일제의 탄압이 심했던 것이다.

젠다오간도로 간 사람들은 주로 농민들이다. 농민들이 몰려간 것은 '약속 의 땅' 이라는 헛소문 때문이었다. 실제로 가보면 고난의 땅이었다. 그런데도 민족의 대이동이 벌어진 것이다.

03 임시정부의 내무총장

1919년 봄, 국내외에서는 독립운동 방향에 관한 논의가 한창 무르익고 있었다.

미국 윌슨 대통령이 제창한 민족자결주의에 자극된 우리나라는 1919년 3월 1일 온 민족이 전국에서 대한독립만세를 힘차게 부르면서 일제의 식민제국주의에 항거하였다.

상하이에서는 망명 애국지사들이 대한민국 임시 의정원 구성 방안을 거의 마무리하고 있었다. 망명 애국지사 가운데 각 시도 대표 30여 명이 임시정부 헌장을 만들었다.

1919년 4월 17일, 드디어 대한민국 임시정부 수립을 선포하고, 이승만을 국무총리로 선임하였으며, 6부의 총장과 차장, 그리고 현재의 국회의장인 의정원 원장에 이동녕을 선출하였는데, 이때 도산은 국무총리 서리 겸 내무총장에 임명되었다.

이때의 국무총회 선출 방식은 민주적이면서 매우 특별한 방식이었다. 먼저 의정원의 각 의원들이 9명의 후보자를 천거하고 이들 가운데 의원 3분의 2 이상의 찬성을 얻은 이승만 · 안창호 · 이동녕 세 사람을 놓고 다시 무기명 투표를 실시하여 최고 득표자인 이승만을 국무총리로 선출한 것이다.

그 뒤 임시정부는 내무총장인 도산을 중심으로 원활한 운영을 위하여 임시 헌장을 바탕으로 한 헌법을 제정하여 전문 8장 56조로 된 임시정부 헌법을 만들었다.

이 헌법에 따라 국무총리로 선임된 이승만을 임시 대통령으로 선출하고 여러 각료들을 개편하였다.

대한민국 임시정부는 1919년 6월 14일 이승만 임시 대통령 명의로 미국 · 영국 · 프랑스 · 이탈리아에 대한민국 임시정부의 수립을 정식으로 알렸다. 이때 사용한 공식 명칭이 '대한민국 공화국 the Republic of Korea' 이다. 이는 외교적 문서에서 공식으로 처음 쓴 명칭인데, 지금도 우리나라 정부에서 그대로 쓰고 있다.

이승만은 안창호 등과 협의하여 뉴욕에서 열린 세계 약소민족대회에 한국 대표로 참석하고, 하와이에 머물면서 독립 군관학교를 세워 독립의 역군들을 길러내는 일에 전념하였다. 이승만은 상하이 임시정부에서 처음에 국무총리로 추대하였는데 미국 워싱턴에 구미위원회를 설치하고 스스로 대통령으로 행세하였다.

사실 도산은 이승만 등과 더불어 미국 샌프란시스코에서 대한인국민회를 열고 독립운동을 본격적으로 전개하는 등 앞장섰다.

이때 이승만 · 안창호 · 민찬호 · 정한경 등 4명을 국민 공동 대표로 선출하고 독립운동에 관한 사무를 서로 분담하기로 했던 것이다. 상하이 임시정부는 이승만이 미국에 계속 머물면서 상하이로 돌아오지 않고 미국에서만 활동하는 데 대해 불만을 늘어놓기 시작하였다. 그러나 그때 이승만의 목에는 일본 경찰이 내건 현상금 30만 달러가 걸려 있기 때문에 중국으로 오는 것을 무척 두려워하고 있었다.

그런 상황에서 이승만은 상하이 임시정부로부터 무단파라는 불신을 받기에 이르렀다. 결국, 상하이 임시정부는 임시대통령 이승만에 대해 탄핵안을 발의하고 임시정부 의정원에서 심의에 들어갔다. 참석 의원 17명 가운데 탄핵을 반대하는 5명이 퇴장한 가운데 12대 0으로 탄핵안을 가결시켰다.

이런 가운데 상하이 임시정부는 재정적인 어려움이 따르고 사상적인 의견들이 엇갈리면서 분열되는 위기를 맞았다.

"우리는 뭉쳐야 하오. 타국 땅에서 임시정부를 세우는 것도 부끄러운 일인데, 나라의 독립을 위해 싸우는 우리들이 사상적인 견해 차이로 분열된다는 것은 가슴 아픈 일입니다."

도산은 외쳤다. 그러나 듣는 둥 마는 둥 각자의 고집만 부렸다. 모처럼 어렵게 탄생시킨 임시정부가 분열될 위기에 놓였다.

이때 중국에서는 국민당 총리 쑨원이 광둥에 호법護法 정부를 세웠다. 그렇게 1년을 성과 없이 보낸 뒤 1920년 10월 임시정부에서는 국무총리 겸 외무총장 김규식을 대표로 파견했다. 김규식은 쑨원과 회담을 통해 중국과 한국 양국 정부가 서로 인정하고 한국 유학생을 중국의 군관학교에서 수용하여 한국 독립군을 양성하며, 500만 원을 차관할 것 등을 요구하여 성공을 거두었다.

그 뒤 1926년 9월 의정원에서 임시 대통령제를 폐지하고 그 대신에 국무령제를 채택하였다. 그리고 그해 12월 김구가 국무령으로 선출되어 취임하였다.

1932년 1월 김구의 지시를 받은 이봉창이 일본 왕을 저격하고, 그해 4월에는 윤봉길이 상하이 홍커우공원에서 일본 육군 대장 시라카와 요시노리를 폭살 시키는 사건을 일으켰다.

이 두 사건으로 이봉창과 윤봉길은 독립투사가 된 반면, 일본은 체면을 구기고 말았다. 그로 인해 상하이 임시정부는 일본 경찰의 탄압에 견디지 못하고 항저우로 옮기는 고난을 겪었다.

임시정부를 상하이에 설치한 데에는 군인인 신규식의 공이 많았다. 충북 청원 사람인 신규식은 을사늑약 때 분함을 참지 못하여 음독자살을 시도했으나 죽음에 이르지 못하고 한쪽 눈의 시력을 잃어 애꾸눈이 된 사람이다.

상하이로 망명하여 중국의 혁명운동에 가담하고 조선사회당, 동제사 등 독립운동 단체를 만드는데 협력하여 김규식 · 박은식 · 조소앙 등과 함께 활동하였다.

동제사 산하에 신한청년당을 만들고 여운형 · 장덕수 등 젊은 청년들과 함께 3 · 1 독립만세운동을 촉발시키는 자극을 주었다. 한편으로는 상하이 임시정부를 탄생시키는 산파역을 맡았다.

파리 강화회의와 임시정부

3 · 1 독립만세운동 직후 수립된 상하이 임시정부는 1919년 5월 12일 먼저 대표를 파리 강화회의에 보내 독립청원서를 제출하려고 하였다.

이에 앞서 신한청년당은 먼저 파리 강화회의에 '한국 독립에 관한 진정서'를 1918년 말과 1919년 초에 제출하기 위하여 김규식을 파견하는 열의를 보였다.

그리고 국내를 비롯하여 젠다오간도, 도쿄 등에도 독립선언서를 보내 독립선언서를 발표하도록 이끌었다. 파리 강화회의에 보낼 독립청원서는 대한민국 임시정부, 한국과 시베리아, 하와이, 미국 합중국, 멕시코의 1,870만 민족, 유럽 동부 지역 전쟁에 참여하였던 5,000여 명의 한국인 등의 명의로 작성하여 전권대사 김규식이 서명한 것이다.

파리 대표단 사무소에 태극기를 게양하고 프랑스어 소식지를 발간하는 등 홍보 활동을 전개하였다. 그런데도 파리 강화회의는 우리의 청원서를 받아주지 않았다.

그뿐만이 아니었다. 파리 강화회의에는 한국 유림 대표 137명이 서명한 독립청원서 '파리장서'도 제출하는 한편, 한국 여학생 대표의 이름으로 된 독립청원서를 제출하였으나 모두 받아주지 않았다.

대한의 독립과 한민족의 해방, 그리고 독립 회복을 위한 청원서를 파리 강화회의에서 거부하고 한국 대표로 파견한 김규식의 발언 청원까지 묵살한 것은 일본의 철저한 방해 때문이었다.

임시정부는 1920년 1월에 성립된 국제연맹에 한국 독립 동정안을 제출하였으나 뜻을 이루지 못하고, 두 달 뒤인 3월 미국 국회 상원에 한국 독립 동정안을 제출하였다. 이 안이 의안으로 상정되었는데 표결 결과 찬성 34표, 반대 46표로 부결되고 말았다. 그러나 이는 미국 국회에서 한국 문제를 정식 의안으로 다룬 최초의 기록을 남긴 것이다.

다음 해 연말에 열린 태평양 회의에도 대표를 파견하여 한국 독립을 청원하였으나 역시 뜻을 이루지 못하였다.

임시정부의 외교 업무는 국무총리 이동휘가 지휘하였다.

1919년 10월 이동휘 · 안창호 · 이동녕 · 이시영 · 신규식 · 여운형은 외교에 관한 회의를 열고 러시아에 3명의 한국 사절단을 파견하기로 결정하였다.

다음 해 5월 한형권은 통역관 고창일 등과 함께 상하이를 출발하여 러시아 모스크바로 향하였다. 모스크바에 도착한 이들 대표단은 레닌을 만났다.

이때 러시아 레닌 정부는 한국 독립운동을 지원하는 조건을 내놓았다. 한국 임시정부는 공산주의를 채택하고, 소련은 한국을 지원하며 한국 독립군은 소련 사령부의 지휘를 받는다는 조건이다. 대표단은 이 조건을 받아들였다. 러시아 레닌 정부로부터 한국 독립운동 지원 자금 200만 루블을 받기로 체결하고 선금으로 40만

루블을 받아냈다. 이동휘는 이 돈을 공산당 창당 비용으로 사용하였다. 이로 인해 이동휘는 독립운동가들의 거센 반발에 부딪혀 상하이를 떠나야 했다. 안창호는 이승만과 더불어 미국과의 대미對美 외교에 중점을 두었으나 이동휘는 러시아에 무게를 두는 대소對蘇 외교에 힘썼던 것이다.

하지만 미국이나 러시아의 원조가 모두 실패로 돌아가자 임시정부의 자금난은 매우 어려웠다. 상하이 임시정부는 비상 대책으로 국민대표회의를 소집하기에 이르렀다.

국민대표회의는 1921년 2월 박은식 등이 독립운동을 새롭게 전개하려면 개혁이 필요하다고 말하여 회의를 열기 시작한 것이다. 그 뒤 군사 통일회가 군사 행동의 통일과 연계한 국민대표회의 개최를 의결하여 1923년 1월 3일 열게 된 것이다.

이리하여 61개 단체 대표 113명이 모인 가운데 첫 국민대표회의가 상하이에서 열렸다. 젠다오의 김동삼이 회장이 되고 안창호가 부회장으로 선출되어, 3개월 동안 무려 92차례에 걸친 마라톤 회의를 진행한 것이다.

이 회의에서는 군사, 재정, 외교 등 임시정부의 주요 업무들을 협의하였다. 그러나 의견이 너무나 다양하고 엇갈리면서 합의점을 찾지 못하고 말았다. 여기서 불거진 가장 큰 문제는 임시정부를 그대로 둘 것인가, 아니면 아예 폐지할 것인가 하는 두 갈래로 나타났다.

안창호와 여운형을 비롯한 개조파는 임시정부는 그대로 존속되어야 한다고 주장하였으나, 김두봉 · 장건상 · 신채호 등 창조파는 임시정부를 없애자고 맞섰다.

더구나 창조파는 김규식을 수반으로 하는 한국 정부를 따로 만들어 소련 정부에 기대려고 하였으나 소련 정부의 냉대와 무관심으로 그 존재가 없어지고 말았다. 이로 말미암아 상하이 임시정부는 두 갈래로 분열되는 결과만을 가져왔다.

국난 시대의 독립운동

상하이 임시정부는 3 · 1운동 직후인 1919년 4월 중국 상하이에서 조직된 임시정부로, 나라가 어려움을 겪고 있던 일제 식민통치 때에 독립운동 역사의 한 획을 그어준 총본산이었다.

도산의 제창으로 1919년 4월 11일 임시 의정원을 구성하고 각 도 대의원 30명이 모여서 임시 헌장 10개조를 채택하였으며, 4월 13일 한성 임시정부와 통합하여 대한민국 임시정부를 수립하고 세계만방에 선포하였다.

상하이 임시정부 청사

이때 각료에는 임시 의정원 의장 이동녕, 국무총리 이승만, 내무총장 안창호, 외무총장 김규식, 법무총장 이시영, 재무총장 최재형, 군무총장 이동휘, 교통총장 문창범 등이 임명되었다. 그해 9월 6일에는 제1차 개헌을 거쳐 이승만을 임시 대통령으로 선출하는 한편 내각을 개편하고, 대통령 중심제의 대한민국 임시정부를 수립하였다.

그러나 임시정부는 일제의 중국 침략이 본격화되면서, 탄압이 심해지자 상하이에서 항저우, 전장, 창사, 광둥, 류저우, 치장, 충칭 등지로 임시정부 청사를 옮기면서 독립운동을 전개하였다.

임시정부 초기에는 재미교포의 성금으로 유지되었으며, 뒤에는 중국의 지도자 장제스의 원조금으로 충당되었다. 장제스는 우리에게 장개석蔣介石으로 알려진 인물이다.

자금 조달이 어려워지자, 임시정부는 국내외 동포를 모두 관할

하는 연락 담당 기관으로 교통국을 두고 지방행정 제도인 연통제를 실시하여, 군사자금 모금, 국내 정보 수집, 정부 문서 국내 전달, 새로운 인물 발굴, 무기 수송 등의 활동을 전개할 계획을 세우고 있었다.

한편으로는 일본의 침략 사실과 한국 역사의 우수성을 홍보하기 위해 1921년 7월 사료편찬부를 설치하고《한일 관계 사료史料》를 발행하고 박은식이 지은《한국 독립운동 지혈사之血史》를 간행하였다. 기관지로 〈독립신문〉·〈신대한보〉·〈신한청년보〉·〈공보〉 등도 간행하여 임시정부의 활동과 독립운동 상황을 국내외 각지에 널리 알렸다.

임시정부는 초기의 외교 활동을 미국과의 대미 외교에 중점을 두었으나, 제2차 세계대전 중에는 중국과의 대중 외교로 방향을 바꾸었다. 그러한 이유는 임시정부가 중국 영토 안에 있기 때문이다.

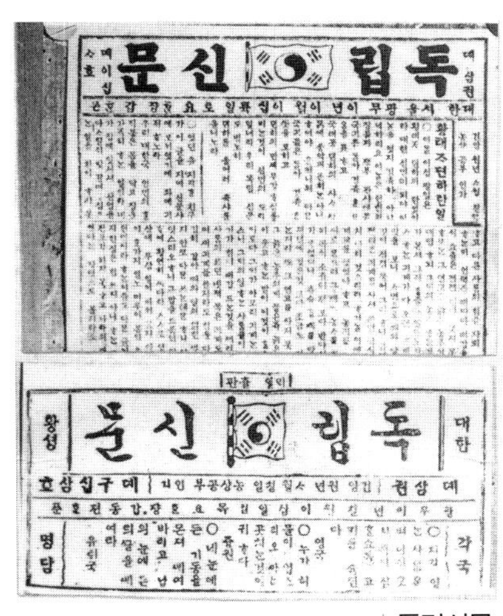
독립신문

대한
독립신문

1919년 4월 18일 김규식을 전권대사로 파리 강화회의에 파견하여 한국의 독립을 호소하려고 하였으나 일본의 반대로 실패한 뒤, 7월에는 스위스에서 열리는 만국사회당 대회에 조소앙을 파견하여 한국 독립 승인 결의안을 통과시키는 등 눈물겨운 활동을 폈다.

1928년까지 유럽과 미주의 외교 업무를 맡은 구미위원부는 미국 국회에 한국 문제를 상정시키고, 1921년 워싱턴에서 개막된 태평양 회의에서 한국 국민의 상황을 세계 여러 나라에 알렸다.

임시정부는 잔학한 일본의 침략 식민정책에 비밀 결사 항전으로 맞섰다. 의열 투쟁과 독립군 단체 지원, 광복군 창설 등의 군사 활동이 그런 것들이다.

임시정부의 지도 이념은 자유민주주의였다. 이는 대한민국 헌법에 반영되어 광복 후 한국의 기초 이념이 되었다.

대한민국 헌법 전문은 '우리 대한민국은 3 · 1 독립만세운동으로 건립된 대한민국 임시정부의 법통과 불의에 항거한 ……' 이라고 하여 임시정부가 한국 독립의 모태가 되고 대한민국 건국의 정신적 사상적 기반이 되었음을 밝히고 있다.

민족의 수난과 항일 저항

1910년 8월 대한제국이 일본에 강탈당한 뒤 1945년의 8·15까지 우리나라 우리 민족은 일제의 혹독한 식민 지배로 엄청난 수난을 당하였다. 일제는 1906년 2월 서울에 설치한 통감부를 조선총독부로 고치고, 총독의 지시를 받게 하였다. 총독은 헌병경찰을 풀어 무단 통치를 하면서 한국인의 주권과 자유를 모조리 통제하였다. 더구나 일제 식민 정책에 반대하거나 협조하지 않는 사람들을 모두 체포하였고, 학생들과 교원들까지 제복을 입혔다. 교원들은 칼을 차고 다니게 하였다.

일제의 식민 무단 통치에 반발하여 서울에서 거세게 일어난 3·1 독립만세운동은 평양·개성·원산·함흥 등의 주요 도시를 거쳐 열흘 만에 전국적으로 번졌다. 이렇게 하여 3·1 독립만세운동은 전국 각지에서 1,500여 차례나 이어지는 독립만세운동으로 발전하였다. 일제는 총칼을 휘두르며 3·1 독립만세운동을 진압하기

덕수궁 앞의 만세시위 장면

시작하였다. 그러나 성난 우리 국민의 독립 열기는 좀처럼 수그러들지 않았다.

야만적인 일제의 탄압 사실이 세계 여러 나라로 알려지고, 국제 여론이 대한민국 편으로 쏠리자 일본은 이른바 문화 정치라는 허울 좋은 명목으로 방향을 돌리며 기만정책을 내세웠다. 이는 우리나라의 독립을 가로막고 국민들을 탄압하고, 경제적 수탈을 강화하는 또 다른 속임수로 변질되었다. 완전히 국민들을 기만하는 회유책이었다. 우리나라를 일본의 대륙 정복 식민 정책을 위한 병참 기지로 바꾸려는 술책이 노골적으로 자행되었다.

일제는 대륙 침략 전쟁 수행을 위하여 인적 물적 수탈과 탄압을 점점 더 혹독하게 하면서, 우리 민족의 찬란한 문화를 완전히 말살하려고 나섰다. 우리 국민들에게 우리말을 못하게 하고, 우리글인 한글을 쓰지 못하게 하였으며, 한국 역사와 국어교육을 모두 폐지시켰다. 그리고 이름도 모두 일본식으로 고치라는 이른바 창씨개명 명령을 내렸다.

드디어 우리 국민들은 이런 잔학한 일제 통치에 강력하게 반발하는 항일 투쟁을 벌였다. 그것이 바로 3·1 독립만세운동이다.

일제는 우리 국민의 독립운동을 날이 갈수록 더욱 가혹하게 탄압하였다. 일제 자신들도 우리 국민의 열렬한 독립 투쟁에 커다란

타격을 받은 만큼 우리에게 보복하려고 달려든 것이다. 그러자 국외의 독립운동 세력들은 무장 투쟁의 전열을 정비하고, 민족연합전선을 결성하여 민족국가 건설의 방안을 찾으려고 노력하였다.

상하이 임시정부는 3·1 독립만세운동이 전국을 태극기 물결로 뒤덮은 열기를 바탕 삼아 먼저 한국 대표단을 파리 강화회의에 파견하여 독립을 청원하는 일을 하였으나 뜻을 이루지 못하였다. 임시정부가 벌인 외교활동을 강대국인 열강들이 소극적으로 받아들이면서 실질적인 성과를 거두지 못하였다. 이런 상황은 일본이 패망할 때까지 거의 변함이 없었다.

그러나 임시정부는 외국에 대하여 한국의 독립운동 의지를 알리는데 계속 힘썼다. 임시정부는 외국의 힘에 의지하고, 외국의 도움으로 우리나라의 독립을 이룩한다는 것이 사실상 불가능하다는 것을 절실하게 깨달았다. 그렇다고 실망하지 않았다. 그래서 임시정부는 민족의 역량과 신뢰에 바탕을 두고 일본에 대항하는 자주독립운동을 전개하는 한편, 특수공작 전략으로 일제에 대항하는 새로운 독립운동의 길을 선택하였다.

그 대표적인 경우가 이봉창의 일본 천왕 저격, 윤봉길의 상하이 홍커우공원 폭탄 투척 등 저항 운동이다. 이봉창 의사가 도쿄에서 일왕을 저격하려던 계획은 실패한 반면, 윤봉길 의사의 의거는 성공하여 세계를 놀라게 하였다.

윤봉길은 상하이 홍커우공원에서 열린 일왕의 생일 축하 천장절 기념 무대에 폭탄을 던져 시라가와 대장 등 일제 고위 장성 10여 명을 살상하였다. 이 통쾌한 의거는 우리 민족의 독립 의지와 열성을 그대로 보여주는 쾌거였다. 이 사건은 중국 정부로 하여금 비상한 관심과 후원을 끌어내는 계기가 되었다. 대한민국 임시정부는 김구의 지도 아래 애국단원들이 앞장서서 침략의 원흉들을 직접 공격하는 의혈 활동을 펼치면서 다시 활기를 되찾았다.

3·1 독립만세운동 당시 국외에 거주하는 동포의 수는 젠다오에 60여만 명, 상하이에 400여 명 정도였다. 그러므로 상하이 임시정부의 활동 조건은 매우 불리한 입장이었다. 젠다오나 상하이에 있는 동포들은 대부분이 일제가 을사늑약으로 우리나라를 강제로 빼앗은 뒤에 망명한 사람들이었다. 나라 안팎에서 언론인과 학자, 예술인 등이 일제에 항거하는 운동을 활발하게 전개하였고, 독립군과 의병들의 항일운동도 쉬지 않고 계속되었다.

이들의 무력 항쟁은 임시정부가 계획한 광복군 창설로 이어졌다. 임시정부의 노력은 끈질기게 일제 침략자들과 싸우면서 식민통치에 항거해온 우리 민족의 독립정신과 조국 광복의 의지를 집약하는 것이었다.

임시정부의 개요

1919년 3월 1일 독립만세운동은 처음에 서울 · 평양 · 개성 · 원산을 비롯하여 일부 도시에서 먼저 일어났다. 그 뒤 전국으로 퍼지면서 3월 20일경에는 농촌으로까지 번져 전국이 독립만세운동으로 뒤덮였다.

나라 안에서 이처럼 독립만세운동이 벌어지고 있을 때 상하이를 비롯한 국외에서는 임시정부를 세우는 열기로 뜨거웠다. 그 결과 세 개의 대한민국 임시정부가 생겼다.

맨 먼저 1919년 3월 17일 러시아 블라디보스토크에서 대한민국 국민의회가 생겨 대통령에 손병희, 내무총장에 안창호, 그 밖의 각료들을 선출하고 임시정부 수립을 선언하였다.

상하이에서는 4월 11일 임시 의정원을 구성하고 국무총리 이승만, 내무총장 안창호, 그 밖의 각료 명단을 발표하였다.

서울에서는 4월 23일 집정관 총재 이승만, 국무총리장 이동휘 등 21명으로 조직된 임시정부 수립을 선언한 것이다.

04 미국인이 감탄한 리더십

도산은 일제 강점기 당시 독립운동 방법을 놓고 무력 투쟁론, 민족 개조론, 외교 독립론 등으로 나뉠 때 민족 개조론을 주창한 대표적 인물이었다.

도산은 상하이 임시정부의 내무총장 겸 국무총리 서리로 있으면서 독립신문 발간 등을 지도하고, 사료史料편찬회를 구성하여 한일 관계 사료를 편찬하였으며, 임시정부 후원회를 만들어 국외에 거주하는 교포들로부터 독립군 자금을 모으는데 힘썼다. 그러면서도 내부적으로 불거진 분열을 통합하려고 노력하였으나 실패하자, 국무위원 직을 사임하고 임시정부를 떠났다.

그 뒤 도산은 서울에서 수양동우회 설립에 앞장섰고, 중국 난징에 동명학원을 세워 독립군 역군들을 길러내는데 힘쓰다가 독립군 군자금 확보를 위해 미국으로 건너갔다.

미국에서의 독립군 군자금 모금이 뜻대로 안 되자, 다시 중국으로 돌아와 독립군 기지와 함께 독립운동 기지가 될만한 지역을 찾아다녔다. 그야말로 한국 독립운동의 국외 전초 기지, 곧 이상촌을 찾아보려고 발버둥 친 것이지만, 그런 이상촌 만들 장소를 끝내 찾지 못하였다.

한편으로는 민족 유일당을 조직하고, 농민호조사를 만들겠다는 의욕으로 동서남북으로 헤맸으나 독립군 간부들이 대거 체포되면서 만주사변이 터지자 모두 뜻을 이루지 못하고 미국으로 다시 건너갔다.

"노동은 정직하다. 땀 흘려 일하는 근로자의 힘은 위대하다."

한국인 노동자들을 관리하는 기관을 만드는데 앞장섰다. 열심히 일하는 한국인 노동자들이 최저임금을 받도록 보장하여 그들의 삶을 도와주었다. 일터에서 밀려나 실직이 없게 하였다.

이런 일들은 노동력 착취와 고용 불안이라는 나쁜 고리를 끊고 서로가 하나로 뭉쳐 더 많은 일을 하고 더 좋은 제품을 만들어내는 새로운 힘이 되었다.

도산은 이러한 활동들을 자기 일처럼 뛰어다니며 진행하였다.

도산 스스로 전개한 것이 아니라 민중들이 자발적으로 참여하여 모두 함께 이루어 내는 공동체 의식으로 추진하고 진행하여 열매를 거두었다. 그런 도산을 본 미국 사람들이 감동을 자아냈다.

"한국에서 온 안창호, 대단한 지도자다."
"안창호, 그 사람 엄청난 리더십의 소유자다."

미국 사람들의 찬사는 여기저기서 쏟아졌다.

도산은 미국 사람들에게 그처럼 큰 감동과 감탄을 안겨준 뛰어난 리더십의 소유자였으며, 미국 사회에 큰 영향을 준 한국의 민간 외교관이요 지도자였다.

다시 중국으로 건너간 도산은 만주 지린 성 일대를 돌아보고 이상촌 후보지를 발견하여 이상촌 사업을 추진하기 시작하였다. 그런데 예기치 못한 사건이 터졌다.

지린 성에서 군사 행동 단체의 통일과 대독립당을 만드는 것을 토의하는 가운데 동지 200여 명과 함께 중국 경찰에 감금당하는 일이 벌어졌다. 권총과 칼, 장총 등의 무기 반입을 수상하게 여긴 중국 경찰의 추적으로 지린 성 경찰에 체포된 것이다. 동지들은 모두 풀려났으나 도산은 핵심 인물로 계속 감금되었다.

중국의 사회 여론과 중국의 반일주의자들이 도산의 석방을 탄원하였다.

"안창호는 독립운동가다. 중국 경찰은 조선의 애국자를 감금하지 말고 즉각 석방하라!"

사회 각계각층에서 여론이 들끓었다. 여론에 못이긴 중국 경찰은 손을 들었고, 중국 국민당 정부의 연락 등으로 20일 만에 석방되었다. 바로 미국으로 출국했다가 배편으로 하와이를 거쳐서 다시 상하이로 되돌아왔다.

그러나 설상가상으로 1931년 만주사변이 일어나는 바람에 지린 성에서의 이상촌 사업을 포기하고, 중국 중부 화동 지구 난징으로 옮겨 이상촌을 만들 토지를 찾아다녔다.

그때 일본은 만주사변을 일으켰다. 만주를 자기들의 생명선이라고 여기면서 중국에서 떼어내 별도의 독립국으로 만들어 자기들의 영토처럼 주무르려는 의도로 일본 관동군을 동원하여 만주를 침략한 전쟁이다.

05 두 번째 감옥살이

일본이 중국 본토를 정복하려는 침략 정책을 세우자, 도산은 이에 대응하여 독립운동의 근거지를 새로 만드는 문제를 검토하고 있었다.

그때 윤봉길 의사가 홍커우공원에 폭탄을 던지는 의거에 성공하였는데, 일본 경찰은 도산을 이 사건의 배후 인물이라고 체포한 것이다.

임시정부 정무위원으로 윤봉길 의사로 하여금 홍커우공원 행사장에 폭탄을 던져 일본 육군 대장과 거류민 단장 등 여러 사람을 죽음으로 몰아넣었다는 혐의를 뒤집어씌웠다.

윤봉길 의사의 쾌거 소식이 신문 호외로 쏟아져 나왔다.

홍커우공원 대참사
일본 천장절 경축 행사장에 대량의 폭탄 폭발
거류민 단장 가와바타 즉사, 시라카와 대장 치명상
시게마쓰 공사, 노무라 중장 등 문무 대관 다수 중상
식장은 피바다, 범인은 현장서 체포 …….

신문 호외에 실린 주먹만 한 크기의 활자들이다. 처음 호외에는 범인이 중국인이라고 하였고, 곧이어 다시 나온 두 번째 호외는 범인이 한국인이라고 밝혔다. 한국인 범인의 이름은 다음 날 아침이 되어서야 발표되었다. 여기서 당시의 사건 줄거리를 잠깐 더듬어 보자.

때는 1932년 4월 29일 낮 12시. 상하이 홍커우공원.

일본의 상하이사변 승리 기념 및 일본 왕의 생일인 천장절 기념식이 열릴 예정이다. 이 정보를 미리 입수한 상하이 대한민국 임시정부 김구는 윤봉길과 사전에 거사 준비를 철저하게 진행하였다. 그날 아침, 모든 준비 완벽하게 마친 윤봉길은 김구와 마주 앉아 아침 식사를 하였다. 김구는 식사를 끝낸 뒤 오전 7시, 조국 하늘을 향해 기도를 올렸다.

"하늘이여! 조국과 민족을 위해 마지막 길을 떠나는 이 젊은이를 보호하소서!"

김구의 기도가 끝난 뒤 윤봉길도 기도를 올렸다.

"고국에 계신 동포 여러분! 사랑하는 부모 형제여! 조국을 위해 일할 수 있는 가장 소중한 순간을 선택하였습니다. 부디 안녕히 계십시오."

윤봉길은 손목시계를 풀어 김구에게 주었다.

"선생님! 이 시계는 선생님이 주신 돈으로 샀습니다. 저는 이제 이런 좋은 시계가 필요 없습니다."

그 말을 듣는 순간 김구는 목이 메었다. 나라를 위해 목숨을 걸고 큰일을 하러 가는 사람의 마지막 유언 같았기 때문이다.

김구는 자기의 낡은 회중시계를 윤봉길에게 주면서 말했다.

"도시락과 물통 잘 챙기게!"

도시락과 물통은 폭탄이었다.

드디어 낮 12시, 운명의 시간이 다가왔다. 거사 목표의 인물들이 단상으로 올라와 지정된 자리에 앉았다.

윤봉길은 그들을 향해 힘차게 폭탄을 연거푸 던졌다.

폭탄은 "쾅!" "쾅!" 요란한 소리를 내며 폭발하고 단상은 순식간에 아비규환으로 변하였다.

"만세, 만세, 대한민국 만세!"

윤봉길은 목이 터지도록 만세를 불렀다.

현장을 취재하단 외국 기자들은 체포될 당시의 윤봉길의 태도를 이렇게 썼다.

'거사 뒤의 윤봉길,
성난 사자처럼 씩씩하고 용맹스러웠으며 당당했다.'

이 사건으로 체포되어 서울로 압송된 도산은 엄청난 고문을 당하였다. 그러나 도산은 한국의 아들로 침략의 원흉을 죽이거나 크게 다치도록 하는 것은 누가 시켜서 하는 일이

| 일본 경찰에 체포되어 가는 안창호

아니라 하늘이 내린 명령이며, 온 국민의 명령이므로 지극히 당연한 일이라고 맞섰다. 윤치호는 도산이 윤봉길 사건에 관계되지 않았다며 조선총독부 경무국을 설득하였으나 뜻을 이루지 못 했다.

도산은 구속된 상태로 일본 재판을 받는 과정에서 꿋꿋한 자세로 관계가 없다고 주장하였다. 허위 자백만을 강요받았다.

일본 검사가 도산에게 물었다.

"이제 독립운동을 그만둘 생각은 없나?"

도산은 단호하고도 당당하게 맞섰다.

"그만둘 수 없다. 나는 밥을 먹어도, 잠을 자도 민족을 위해 먹고 잤으니, 앞으로 독립이 되는 그날까지 민족을 위해 일하고자 하는 나의 소신에는 변함이 없다."

그러나 뚜렷한 혐의점이 없었는데도 조선총독부 재판부는 치안유지법 위반죄로 징역 4년형을 선고하였다. 모진 고문을 당하고 징역 4년형을 선고받은 뒤 서대문형무소를 거쳐 대전형무소로 이송되어 또다시 감옥살이를 하였다.

도산은 감옥살이를 한 뒤 전국을 순회하며 일본의 만행을 고발하는 강연을 다시 시작하였다.

윤봉길尹奉吉 의거

매헌 윤봉길은 충남 예산 사람으로 19세 때 상하이로 건너가 세탁소, 모직 공장 등에서 일하며 기회를 보다가 1931년 김구가 조직한 한인애국단에 들어갔다.

1932년 4월 29일 일본 왕의 생일을 축하하는 천장절 기념식장인 홍커우공원 특설 무대로 폭탄을 던졌다. 이로 인하여 대참사가 발생하였다. 거류민 단장 가와바타 즉사, 시라카와 대장 치명상, 시게마쓰 공사, 노무라 중장 등 문무 대관 다수 중상 등으로 특설 무대 식장은 피바다가 되었다.

윤봉길은 현장에서 체포되어 일본 오사카로 압송되어 군법 재판에서 사형선고를 받은 뒤, 24세의 젊은 나이로 순국하였다. 정부는 1962년 대한민국 건국공로훈장을 추서하였다.

03

민족을 계몽한 리더십

01 뛰어난 웅변술에 감동

도산에게는 뛰어난 웅변술로 청중들을 끌어안는 놀라운 리더십이 있다. 1897년 독립협회 회원이 되어 열심히 독립운동을 배우며 뛰어다녔다. 그러다가 평양에 지부를 설치하기 위한 만민공동회를 평양 쾌재정快哉亭에서 개최하였다.

이때 도산은 스무 살 약관의 몸이었다. 혈기왕성한 젊은 나이로 대중 앞에 나섰다.

"국민 여러분! 이 나라 삼천리 금수강산의 주인은 바로 우리들입니다. 주인인 우리가 침략자 일본에 우리의 땅을 빼앗기고 주인이 머슴만도 못한 노예로 추락하였습니다.

우리는 빼앗긴 나라를 되찾고 잃어버린 주권을 다시 찾아 주인으로 이 땅을 가꿔야 합니다.

동지 여러분! 우리는 서로 믿고 의지하며 힘을 모아야 합니다. 세상에 마음 터놓고 믿을 수 있는 동지가 있다는 것처럼 큰 재산, 큰 행복은 없습니다."

청중석에서 박수가 터졌다. 많은 청중들이 마음으로부터 감동을 받은 것이다.

도산의 연설은 이어졌다.

"동지 여러분! 우리에게는 강인한 정신과 불굴의 의지가 있습니다. 솔직하지 못하고 거짓이 많은 국민으로 망하지 않는 국민이 어디 있으며, 거짓이 많은 채 부흥하는 나라가 어디 있습니까. 그런 국민, 그런 나라는 이 지구 상에 단 하나도 없습니다. 더구나 남의 나라를 강탈하고, 남의 나라 국민을 노예로 삼는 나라는 반드시 멸망합니다.

준비 없는 계획이 있을 수 없고, 즉흥적으로 벌이는 운동은 성공할 수 없습니다. 우리에게는 철저하게 준비하고 분명하게 실천해 나아가는 계획된 의지, 철저한 준비가 부족하다는 결점이 있습니다.

우리나라가 일본에 강탈당한 것도 바로 그런 결점의 결과입니다. 한 번 잘못한 일은 오래오래 남습니다. 그 잘못을 고치고 다시 일어서야 합니다. 그러기 위해서 우리는 오늘 여기 모였습니다."

도산의 연설은 계속되고 청중은 모두가 감동하였다.

"동지 여러분! 우리 조국을 망하게 한 것은 이완용만이 아닙니다. 나에게도 그 책임의 일단이 있다고 생각합니다. 우리 민족 우리 국민들이 저마다 망국의 책임을 느끼고 망국의 한을 삼키며 그 책임을 가슴 깊이 느껴야 합니다.

그런 생각, 그런 깨달음을 가지는 국민들이 많으면 많을수록 조국 광복의 길은 빨라질 것이고 새로운 희망의 날이 성큼 밝아올 것입니다. 최선을 다하지 않고 얼렁뚱땅 넘어가려는 행동으로는 우리의 독립을 쟁취할 수 없습니다."

웅변은 사람 마음의 문을 열어주는 열쇠라고 한다.

도산의 웅변술을 실로 대단하였다. 교육자로 민족의 지도자로 활동한 이승훈 신부의 설교에서 큰 감동을 받고 독립운동의 의지를 불태웠다고 도산은 스스로 밝혔다.

도산의 웅변 실력은 미국 유학생 신분으로 1905년 을사늑약을 통렬하게 갈파할 때 이미 나타났다.

"을사늑약은 대한제국의 외교권을 일본이 빼앗아 간 강도 짓이다. 대한 사람들이여! 일본에 대항하여 잃어버린 국권을 되찾아야 한다."

이 연설은 도산의 애국 계몽운동과 함께 독립운동의 시발점이 되었다.

안창호의 강연을 듣기 위해 모여든 청중

을사늑약

대한제국 광무 9년 일본이 한국을 침탈하기 위하여 외교권을 빼앗으려고 체결한 조약. 을사년인 1905년에 맺은 것인데, 흔히 을사조약 또는 을사보호조약이라고 부른다.

이 조약의 주요 내용은 한국의 외교권, 경찰권, 군사권 등을 모두 일본이 박탈하여 국제무대에서 한국을 고립시키고, 서울에 일본 통감부를 설치하여 우리나라를 자기들 마음대로 다스린다는 것 등 5개 조항이다.

이완용 · 이근택 · 이지용 · 박제순 · 권중현 등이 일본 특명전권공사 하야시 곤스케와 맺은 것이다. 조약에 찬성한 대신들을 매국노 또는 을사5적이라는 지탄을 받았다. 조약에 반대한 한규설 · 민영기 · 이하영 3 대신은 목숨을 걸고 반대하다가 결국 쫓겨나고 말았다. 을사늑약이 체결되자 국민들은 크게 놀랐다. 이건석 · 민영환 · 조병세 등 우국지사들은 나라의 주권을 강탈당했다며 스스로 목숨을 끊고서 항의하고, 전국에서 의병이 일어나면서 항일 구국 운동이 전개된 것이다.

02 인재를 길러야 한다

"대한 사람들이여! 실력을 길러야 한다."

도산의 독립운동과 애국 계몽 연설은 1904년 의친왕을 비롯하여 정재관 등 여러 동지들과 창립한 공립협회에서, 1909년 김좌진, 이갑 등과 만든 서북학회 창립총회, 그리고 1907년 미국에서 귀국한 이후 신민회 창립, 대성학교 설립 등을 위해 서울과 평양을 오가며 여러 차례 연설하면서 그 실력을 인정받았다.

도산은 탁월한 웅변 실력으로 수많은 청중의 마음을 사로잡으면서 큰 감동을 안겨주었다.

"우리는 2세들을 훌륭하게 교육시켜야 한다. 그건 민족의 장래를 위하여 절대 필요한 일이다. 너도 사랑으로 공부하고 나도 사랑으로 공부해야 한다. 남자도 여자도 우리는 서로서로 공부해야 한다. 그래야 우리 2,000만 한민족은 서로 사랑하면서 발전한다."

대성학교 모표

평양에 대성학교를 설립한 도산은 대성학교의 교육 방침을 '정직'으로 삼았다. 정직은 가장 확실한 자본이라고 강조하고, 모두가 열심히 배우고 정직하게 살자고 외쳤다.

도산의 연설과 교육 방침에 감화된 사람은 조만식이었다. 오산학교 교사를 거쳐 교장이 된 조만식이 도산의 강연을 듣기 위해 그가 연설하는 곳마다 찾아다니며 들었다는 이야기는 너무나 유명하다. 조만식은 도산의 강연에 감화만 받은 것이 아니라 그의 민족 교육과 국민정신, 독립의지까지 모두 감동되었던 것이었다. 그래서 장차 민족을 위해서 봉사하려면 실력을 키워야 되겠다고 다짐하였다. 도산은 실력 양성과 인재 육성을 부르짖었다. 그러자 급진파는 "당장 싸울 인력이 절대 부족하다. 이들을 보충하는 일이 급한데 애들을 가르치겠다니 말도 안 된다."라며 반대하였다.

그러나 도산의 생각은 달랐다.

"나라의 독립을 위해서는 우선 인재를 육성해야 한다. 인재 육성과 실력 양성은 국가와 민족의 장래를 위하는 지름길이다."

그는 부강한 나라가 되는데 가장 필요한 것은 민족의식개혁과 국민 교육이라고 보았다. 그래서 실력을 갖춘 인재를 키우는 것이 우선되어야 한다고 믿었다.

"우리들 가운데는 독립운동에 앞장설 인물이 보이지 않는다. 이러한 까닭은 그런 인물이 되려고 마음먹고 힘쓰는 사람이 없기 때문이다. 설령 강력한 지도력을 가진 인물이 나타나지 않는다고 한탄하지 말고 스스로 내가 하겠다는 용기를 가진 사람이 필요하다. 왜 그런 인물이 되고자 하지 않으며, 스스로 공부를 하지 아니하는가? 나라가 없고서 나의 집과 내 몸이 있을 수 없으며, 민족이 압박과 천대를 받고 있는데 나 혼자만이 자유와 행복, 영광을 누리겠다는 것은 민족을 반역하는 것이다."

도산은 가는 곳마다 대중 앞에서 애국심을 불러일으키는 연설을 하였다.

대성학교大成學校

고향인 평안남도 강서에 점진 학교를 세운 뒤 8년 후에 평양에 대성학교를 또 세웠다. 그 까닭은 점진적으로 공부하여 크게 성공하는 인재들을 양성한다는 큰 뜻을 담은 것이다. 개화기의 국력 배양과 민족의식 개혁을 통하여 민족운동의 중심 세력을 양성한다는 집념을 보여주었다. 대성학교는 신민회의 중요한 사업의 하나로 독립운동에 헌신할 인재의 양성과 국민 교육의 사표師表가 될 사람을 양성한다는 목표로 세웠다. 점진 학교는 초등 과정, 대성학교는 중등 과정이다. 민족정신의 고취, 민족의식의 개혁을 최우선 과제로 삼았다. 제1회 졸업생 19명을 배출한 뒤 일제에 의해 강제로 폐교당해 문을 닫았다.

대성학교 학생들과 교사

03 민족을 사랑한 애국자

도산은 사회문제에 남다른 관심을 가지고 국민 계몽운동을 전개한 선구자였다.

민족이 깨어나야 나라의 독립을 이룰 수 있다고 외친 도산은 어느 날 오산학교를 방문하였다. 주기영 교장은 "훌륭한 선생님께서 우리 학교를 찾아주셨다."라며 극진한 대접을 하였다.

주 교장의 집에서 하루를 머문 도산은 다음 날 아침 백영엽 목사를 깨워서 같이 기도하자고 말하였다. 도산은 잔잔한 음성으로 기도하기 시작하였다. 몇 마디 간절한 기도를 하다가 목소리가 높아졌다.

"나는 민족의 죄인이올시다. 이 민족이 저를 이렇게 받들어 주는데, 저는 민족을 위해서 아무것도 한 일이 없습니다.

저는 죄인이올시다."

회개하는 기도가 이어진 것이다. 나라의 독립과 민족의 계몽을 위하여 모진 박해를 받으면서 평생을 헌신적으로 일하고 있는 애국자의 입에서 스스로 자신을 민족의 죄인이라고 말하며 회개를 할 만큼 도산은 열정적이고도 순수한 사람이었다.

오산학교는 이승훈이 평북 정주에 사재를 털어 세운 학교다. 오산학교의 교육 목표는 민족운동을 이끌 인재와 국민 교육의 사표師表를 양성한다는 것이다.

3·1 독립만세운동 때에 민족 대표 33인 중의 한 사람으로 앞장선 이승훈이 일본 경찰에 체포되고, 학생들이 대한독립만세를 부르짖었다. 일본은 이에 대한 보복으로 학교에 불을 지르고 폐교시켜 버렸다. 그러나 김기홍 등이 사재를 모아 다시 학교를 짓고 개교하였다. 이 학교에는 유영모·이광수·장지영·염상섭·이상정 등이 교사로 학생들을 가르쳤다. 백이행·조만식·주기용 등이 교장으로 학교를 이끌면서 민족정신을 일깨워 주었다.

그래서 오산학교를 만족 사관학교, 사관생도 훈련원, 정치학교, 특수 모범자 양성소 등 여러 이름으로 불렀다. 6·25 전쟁 때 부산에서 피난 학교를 세웠다가 서울로 올라와 오산중·고등학교로 발족, 민족정신 교육을 이어가고 있다.

도산은 이승훈과의 관계가 돈독하고 남다르다. 오산학교 설립자인 이승훈은 1907년융희 1년 평양에서 도산의 강연을 듣고 감동한 나머지 교육자로, 웅변가로, 독립운동에 뛰어든 사람이다. 그래서 도산이 오산학교를 방문한 일은 매우 의미가 깊었다.

도산의 웅변을 듣고 감동한 많은 사람들, 도산의 가르침을 따랐던 지식인들, 소설가, 시인, 교육자들은 모두가 도산의 탁월한 리더십을 존경하였다. 그들은 도산을 가리켜 감동적인 말을 하였다.

"도산은 훌륭한 지도자다."
"민족을 이끌고 가는 리더다."
"기독교적인 믿음과 사랑이 깊다."

그 가운데 김동환 시인은 도산을 가리켜서 '한국의 예레미야'라고 하였다. 예레미야는 《구약성서》에 나오는 위대한 예언자의 한 사람으로, 유대 왕국 말기 요시야 왕 때에 예언 활동을 한 사람이다. 그는 바빌론 포로의 경험을 극복하여 유대 왕국의 사람들이 앞으로 살아남을 길을 미리 내다보는 예언을 하였다.

또 최기영은 《믿음 그리고 겨레 사랑》이라는 글을 통해 안창호의 기독교적인 종교 관점을 이렇게 설명하였다.

"안창호는 미래를 지향하는 기독교를 신앙하면서도 현실에 대한 관심을 버리지 않았다. 특히 민족의 현실이 일제의 식민지화를 눈앞에 두고 있는 실정에서 정치와 종교의 분리를 주장하였다. 그런 까닭에 내세만을 강조하는 복음 중심의 선교사들과 대립하게 되었다. 안창호 역시 선교사들의 공로에 인색한 사람은 아니었다. 그렇지만 그들이 한국 사회를 잘못 보고 한국 사람들을 제대로 이해하지 못한 점에 대해서는 날카롭게 지적하였다. 안창호는 기도하며 생활하는 깊은 믿음을 갖고 있었다. 그러면서도 다른 사람들에게 자신의 신앙을 강요하지 않았다."

도산은 독립운동과 민족 계몽운동을 병행하면서 한국에서는 처음으로 최초의 개신교 교회를 세워 시민들이 기독교 신앙을 갖도록 이끌었다.

이승훈 李昇薰

교육가, 독립운동가(1864~1930년). 3·1 독립만세운동 당시 민족 대표 33인 중 한 사람. 호는 남강. 1907년 평양에서 도산의 강연에 큰 감동을 받고 강명의숙과 오산학교를 세워 교육을 통해 애국애족 정신을 심어주는데 전념하였다.

도산이 만든 신민회에서 활동 중에 체포되어 제주도로 귀양을 갔다가 풀려난 뒤 다시 105인 사건의 관련자로 체포되어 10년 형을 선고받고 4년 2개월 만에 석방되었다.

오산학교 교장을 거쳐 평양신학교를 나와 목사가 되었다. 3·1 운동 때 또 체포되어 3년 징역형을 선고받고 복역한 뒤, 1924년 동아일보 사장을 지냈다. 1930년 67세를 일기로 순국하였고, 1962년 건국공로훈장이 추서되었다.

04 나라가 있어야 국민이 존재한다

나라를 사랑하고 국민을 보호하는 데 앞장선 도산은 나라의 독립과 민족의 번영을 위하여 몸 바친 수많은 애국선열 중에서도 뛰어난 업적을 남긴 한 사람으로 존경받는 인물이다.

나라를 위해서라면 목숨도 마다하지 않았던 도산은 어디를 가든, 누구를 만나든 늘 이렇게 외쳤다.

"우리 대한민국이 있어야 우리가 존재한다. 나라 없는 백성은 태양빛을 받지 못하는 암흑세계에서 살고 있는 사람들과 같다."

우리가 도산 안창호를 높이 우러러보며 존경하고 추모하는 것은 도산의 훌륭한 애국정신, 나라를 사랑하는 마음, 국민을 이끌고 갔던 탁월한 리더십 때문이다.

도산은 민족 계몽의 근본 바탕을 교육에 두었다. 사람을 기르는 일이 민족 계몽의 근본이라고 여겼다. 이 일은 나무를 심고 가꾸는 것과 같다고 강조하였다.

"우리가 오늘 심은 한 그루의 나무는 100년 후에는 커다란 재목이 될 것이다. 사람의 한평생이 길어야 60년인데, 100년을 언제까지 기다릴 것인가? 하는 사람들이 많다. 그러나 오늘 한 그루의 나무를 심지 않는다면 10년 후에도 100년 후에

도 유용하게 쓸 재목을 얻지 못하게 된다. 오늘 한 그루의 나무를 심는 일은 장차 좋은 집을 짓기 위해서다. 사람을 기르는 일도 이와 마찬가지이다."

도산은 '굳은 신념은 높은 산도 움직인다'는 신념으로 민족의 미래를 걱정하면서 국민 교육에 헌신하였다.

도산의 리더십은 스스로 실행하는 것이다. 그리고 협력과 선행을 강조하고 그런 정신을 심어주었다. 국민 한 사람 한 사람의 힘은 아주 미약하다. 마찬가지로 나라의 독립은 어느 한두 사람의 힘으로는 이루기 어렵다. 너도 행하고 나도 행하고 우리 모두가 행할 때 큰 힘을 일으킨다고 일깨웠다. 나 한 사람만의 평안만을 생각한다면 민족의 발전은 없다고 외쳤다. 자기만의 평안을 바란다면 그것은 잘못된 생각이고 악행을 불러들이는 것과 같다는 것이다.

사람이 착한 일, 곧 선행을 하기는 어려워도 나쁜 짓, 곧 악한 일을 저지르기는 쉽다. 선행은 알게 모르게 여러 사람에게 아름다운 정서를 일으켜 준다. 반대로 악행은 독으로 변하고 그 여파가 자기 자신에게로 다가와 온몸과 마음, 정신까지도 옭아맨다.

착한 일로 다른 사람을 돕고 그 속에서 자기 자신도 행복을 얻게 되는 것이다. 사람이 행복해지는 것은 자신의 노력에 달렸지만, 불행하게 되는 것은 정당하지 못한 방법으로 남을 괴롭히려는 얕은 생각에서 비롯된다.

신은 태초에 인간을 창조할 때 모든 사람이 다 행복을 누리며 살도록 만들었다. 그러나 본심을 속이면서 자신도 모르게 악행을 저질러 다른 사람을 괴롭게 하고 결국은 자신도 불행해지는 것이 된다. 하물며 총칼을 앞세워 남의 나라를 빼앗고 국민을 억압하며 재산을 강탈해가는 일본은 반드시 망하는 날이 올 것이다. 그렇다고 스스로 망하도록 내버려 두는 것은 우리들의 생존권을 포기하는 일이다.

우리 스스로 일어서야 한다. 우리의 생존권을 되찾기 위해 힘을 기르고 앞으로 힘차게 나아가야 한다. 그 힘은 바로 교육에 있다.

도산의 교육 이념은 종교보다도 강하고 거룩하였다.

05 죽더라도 거짓말 말라

도산의 교육사상은 교육을 통하여 민족 혁신을 이룩하자는 것이며, 그 핵심은 인격의 혁신이었다. 민족의 혁신은 자기 스스로 혁신에 의해서만 가능하다고 외쳤다. 자아 혁신이 바로 인격 혁신이라고 주장한 것이다.

결국 나 하나를 건전한 인격체로 만드는 것이 곧 우리 민족을 건전하게 하는 유일한 길이라고 강조하였다. 이러한 자아 혁신은 곧 자기 개조로 이어진다고 믿었다. 그리고 자기 개조는 곧 민족의 개조라고 본 것이다.

도산은 개개인의 자기 개조는 자아 혁신이며 인격 혁명이라고 강조하였다. 자기 개조가 민족 개조로 이어진다고 보았다. 자기 개조가 이루어지면 주인 정신이 살아나고 높아진다.

도산은 민족 개조론을 기본 사상으로 삼았다. 조국의 자주독립을 이룩하려면 넓은 의미의 교육, 곧 국민운동을 통해서만 가능하다고 굳게 믿었다.

도산이 국민을 이끈 리더십의 핵심은 성실이다. 성실은 참되고 알찬 것을 말한다. 참한 것의 반대는 거짓이고, 알찬 것의 반대는 빈 껍데기다. 성실은 곧 정직이다. 도산은 자신이 세운 대성학교의 교육 방침을 정직으로 삼고, 교훈을 주인 정신으로 정한 것도 그런 맥락에서다. 주인 정신은 주체, 독립, 책임, 의무를 모두 아우르는 것이라고 보았다.

도산의 교육사상은 학교 설립과 흥사단 운동을 통해서 가장 확실하고도 뚜렷하게 나나난다. 고향에는 점진 학교, 평양에는 대성학교, 중국 난징에 동명 학원을 세웠다. 특히 점진 학교와 대성 학교의 건학 정신은 건전한 인격을 가진 국민, 애국심 강한 국민 양성에 두었다. 이는 곧 도산의 국민 교육 이념이었다.

> "비록 농담이라 해도 거짓말을 말아라. 꿈에서라도 성실을 잃었거든 통회하라."

그런 정신으로 독립운동을 하면서 여러 사람으로부터 독립군 군자금을 모았던 것이다.

일본 경찰은 안중근 의사가 침략의 원흉인 이토 히로부미를 하얼빈 역에서 저격하는 쾌거의 배후 인물로 도산을 지목하고 체포하여 모진 고문을 하였다. 하지만 도산이 고문을 당하면서도 끝끝내 정당함을 주장하고 풀려난 일은 너무나 유명하다.

"생각해 보라. 상하이에서 하얼빈은 장장 7,000리 먼 길이다. 무슨 재주로 지시하고 상하이로 돌아오겠는가. 이토! 너희에게는 영웅인지 몰라도 우리에게는 원흉이다. 만일 내가 그때 하얼빈에 있었다면 이토를 저격했을 것이다. 안중근은 너희에게는 범인인지 모르나, 우리에게는 위대한 영웅임이 틀림없다."

도산의 열변 앞에 일본 경찰들은 속으로 감동하였다. 그러나 배후 인물로 몰아넣기 위해 갖가지 고문을 하는 바람에 엄청난 시련을 겪었던 도산이다. 도산의 성실 · 정직 이념은 교육 현장에서는 물론이고 대중 연설에서도 청중들의 마음을 사로 잡는 대목이다.

"나라의 일은 무척 신성한 일이오. 신성한 일을 신성치 못한 재물이나 수단으로 하는 것은 옳지 않습니다!"

독립운동을 하느라고 동서남북을 가리지 않고 뛰어다닌 도산은 우리 사회가 너무나 각박하고 사람들도 마음의 문을 닫아걸고 찬바람이 부는 것처럼 냉정하다는 것을 가슴 깊이 느꼈다.

"여러분! 마음의 문을 꽁꽁 닫아놓지 말고 활짝 열어 놉시다! 우리 동포끼리는 무저항 방식을 씁시다. 때리면 맞고, 욕하면 참으면서 동포끼리만은 악을 악으로 대하지 맙시다. 오직 사랑하고 도와 갑시다. 우리 사회가 왜 이렇게 차갑소? 훈훈한 기운은 다 어디로 갔나요? 일본이 여러분의 마음에 대못을 박아 놓아 그렇습니까? 그 대못을 우리 스스로 뽑아 던지고 조국 광복의 동산에서 서로 웃고 즐기며 정을 나누는 세상을 만들어야 하지 않습니까. 조국 광복을 이룩하기 위하여 우리 모두 한마음으로 힘을 모읍시다."

도산은 주먹을 불끈 쥐며 열변을 토했다. 청중들은 그의 웅변 속으로 깊숙이 빠져들었다. 성실과 정직은 사람이 지닐 수 있는 수많은 것 가운데서도 가장 소중하고 고상한 것이며 또 영원한 것이다. 성실하고 정직한 마음으로 언행을 하면 선행이 되는 것이고, 그 행실은 사라지지 않고 언제나 따라다니는 그림자가 된다. 진실한 생활은 결코 일시적인 것이 아니라 쉽게 소멸하지 않고 오래오래 이어진다. 그래서 일생의 보배요, 세상을 살아가는데 가장 확실한 자산이 된다.

어린 시절의 일화

도산은 어린 시절부터 매우 똑똑하여 한 번 공부한 것은 달달 외워 버리는 정도였다. 할아버지는 이런 손자가 대견스러우면서도 걱정이 되었다. 어느 날 할아버지는 손자가 서당에서 집에 올 시간이 한참 지났는데도 오지 않자 손자를 찾아 나섰다.

평소에 손자가 잘 가는 대동강 강가로 갔다. 손자는 또래 아이들과 한창 신나게 놀고 있었다.

할아버지는 아이들에게 무척 근엄한 목소리로 야단쳤다.

"야! 이 녀석들아! 공부는 안 하고 온종일 놀기만 하느냐?"

그러나 손자는 당황하기는커녕 차분하게 말했다.

"할아버지, 저는 배운 것을 다 외웠어요."

"다 외웠다고?"

"그럼요, 들어보세요."

도산은 배운 것을 줄줄 외웠다. 할아버지는 손자의 머리를 쓰다듬어 주었다.

"고 녀석 참!"

04

주인정신을 강조한 리더십

01 놀라운 집념

도산은 한학을 배우다가 서당 선배로부터 신식 학문에 대한 이야기를 듣고 새로운 세계가 있다는 것을 알았다. 이 사실은 가히 운명과도 같다.

"더 넓은 세계에서 새로운 학문을 배워야겠다."

혼자 중얼거렸다. 신학문의 세계를 동경하며 눈을 깜빡거렸다. 그러면서 조국의 앞날을 염려하던 도산은 눈앞에서 일본과 중국이 전쟁하는 것을 보고 크게 통탄하였다.

"왜 우리나라는 일본과 중국 사이에 끼여 이리 짓밟히고 저리 찢겨야 하나? 그건 나라가 힘이 없기 때문이다."

깊이 깨달은 도산은 신학문에 대한 열망이 더욱 뜨겁게 솟아 올랐다. 그래서 1894년 서울로 올라와 구세 학당을 다녔고 그리스도교 교인이 되면서 신학문에 대한 눈을 떴다. 그러나 그것만으로는 가슴에 차지 않았다.

"새로운 학문을 찾아서 미국으로 건너가야 한다."

그런 열망이 고향 강서에 한국 최초로 남녀공학인 점진 학교를 세우는 결정적 동기다. 황무지 개척 사업을 시작하면서 앞으로 큰 일을 하려면 새로운 학문과 기술을 더 많이 받아들여야 한다는 것을 절실하게 느꼈다. 그런 갈망이 도산을 미국으로 건너가도록 자극한 것이다.

도산은 신혼부부로 낯선 이국 땅 미국 샌프란시스코에 도착하였지만, 우선 생활하는 것이 당장 급한 과제로 다가왔다. 몸으로 때우는 노동을 시작하였다.

"내가 여기 온 목적은 신학문을 배우는 것이다. 무슨 일이 있더라도 공부해야 한다."

도산은 굳게 결심하고 노동과 공부를 병행하였다. 서울에서 중등 과정을 마쳤지만, 초등 과정부터 다시 시작하였다. 정말로 이를 악물고 노동과 공부에 매달렸다.

이듬해에는 교포들의 권익 보호와 생활 향상을 위해 한인공동협회를 만들고 〈공립신보〉를 발간하였다.

그 후 을사늑약이 체결되었다는 소식을 듣고 귀국을 결심하였다.

"일본이 우리나라 주권을 빼앗고 나라를 강탈하였다. 여기서 한가롭게 공부나 하면서 세월을 보낼 수는 없다. 조국 광복을 위하여 헌신해야 한다."

그리고 곧 귀국길에 오른 것이다. 귀국 후 동지들을 모아 항일 비밀결사 단체인 신민회를 만들고, 이 조직을 바탕으로 조국 독립과 민족의식 개혁에 앞장섰다. 그로부터 도산은 힘들고 어려운 고난의 가시밭길을 꿋꿋하게 걸었다. 오직 조국을 위해서, 그리고 독립을 이끌 지도자 양성과 미래 조국의 이끌어갈 후세 교육을 위해서, 여러 방면에서 줄기찬 활동을 전개하였다.

1909년에는 신민회 간부들과 함께 개성 헌병대에 체포되어 3개월간 곤욕을 치렀다. 체포 이유는 1909년에 있었던 안중근의 이토 히로부미 저격 사건에 관련되었다는 혐의 때문이었다. 그 굴레에서 풀려난 뒤, 만주로 망명하고 시베리아를 거쳐 영국에서 배를 타고 미국으로 건너갔다.

1912년 미국에서 대한인국민회 중앙총회를 조직하여 초대 총회장에 취임하고, 기관지 〈신한민보〉를 창간하였다. 그러다가 '105인 사건'으로 신민회 · 청년학우회가 해체되자 1913년 흥사단을 조직하였다. 3 · 1 독립만세 운동 직후 상하이로 가서 임시정부 조직에 참여하여 내무총장 · 국무총리 서리와 노동 총장 등을 역임하며 〈독립 신문〉 발행에도 관여하였다.

1921년 임시정부가 내부의 분열을 일으키며 갈등을 빚었는데, 이를 수습하지 못한 책임을 지고 물러났다. 그리고 1923년 상하이에서 열린 국민대표회의가 성과를 거두지 못하자 더는 상하이에 머물러 있을 수가 없었다. 그래서 다시 미국으로 건너갔다.

1924년 미국으로 건너간 도산은 흥사단 조직을 강화하였다. 그러나 독립운동은 중국 땅에서 하는 것이 바람직하다는 결론을 내렸다.

1926년 상하이로 가서 흩어진 독립운동 단체들을 다시 통합하는데 진력하였다. 독립운동 기지를 마련하기 위하여 이상촌 건설에 뜻을 두고 추진하기 시작하였다. 그때 일본은 중국 침략을 본격화하면서 우리나라 독립운동 단체들의 활동 감시를 더욱 강화하였다. 그런 가운데 윤봉길 의사의 홍커우공원 폭탄 사건 관련자로 일본 경찰에 다시 체포되어, 우리나라로 송환되었다.

안중근安重根 의사1879~1910

독립운동가, 애국지사. 어릴 때 이름은 응칠. 황해도 해주에서 진사인 안태훈의 아들로 태어났다. 한학을 공부하고 말타기, 활쏘기 등 무술을 익혀 문무文武를 두루 갖추었다.

1895년 아버지를 따라 천주교에 입교하고 신부를 통해 프랑스어를 배웠다. 평양에 석탄 상회를 차리고 경영하다가 을사늑약이 체결되자 상회를 팔아 남포에 돈의학교를 세우고 인재 양성에 힘썼다.

독립운동을 하다가 블라디보스토크로 망명한 뒤 의병운동에 동참하였다. 대한의군 참모중장 겸 특파 독립 대장 및 아시아 지구 사령관으로서 의병을 이끌고 두만강 변 경흥 전투에서 왜적을 격파시켰다. 1909년 10월 이토 히로부미를 하얼빈 역에서 저격하였다.

현장에서 러시아 경관에게 체포되어 일본 관헌에게 넘겨졌고, 6차례 재판 끝에 1910년 3월 26일 만주 뤼순여순감옥에서 총살형을 당하였다. 감옥에서 쓴 《동양평화론》은 해박한 지식으로 당시의 역사적 사실을 정확하게 분석한 책으로 유명하다.

02 수양은 민족의 힘

도산은 수양동우회 강연에서 우리들에게 가장 필요한 것은 주인정신이라고 강조하였다.

"동지 여러분! 오늘 대한민국 사회에 주인이라고 자신 있게 말하는 사람이 얼마나 됩니까? 민족 사회에 대하여 스스로 책임감이 있는 사람은 주인이요, 책임감이 없는 사람은 나그네 여객입니다. 진정한 주인에게는 비관도 없고 낙관도 없으며 오직 모든 일이 자기 자신의 일입니다. 그런고로 어찌하면 이 억압과 탄압 속에서 우리 민족 사회를 건질까 하는 책임만이 우리 앞에 가로놓여 있습니다. 우리나라를 망하게 한 것은 일본도 아니고 그렇다고 이완용도 아니오. 그러면 우리나라를 망하게 한 책임자가 과연 누구란 말입니까? 그것은 바로 나

자신이요, 우리 자신입니다. 일본으로 하여금 내 조국 금수강산을 쑥밭으로 만들게 하였는지 모두가 가슴에 손을 얹고 냉철하게 반성해 보아야 합니다. 우리 모두가 이완용으로 하여금 조국을 일본에 팔아넘기게 빌미를 준 것입니다. 그러므로 망국의 책임자는 곧 나 자신이자 우리들이라는 것입니다."

이 말을 듣고 있는 청중들이 모두 고개를 숙였다.

우리는 이완용이 나라를 팔아먹었다고 야단법석을 떨지만 그 책임은 우리에게 주인의식이 없었으며, 잘못된 지도자를 만난 탓이라고 외쳤기 때문이다.

"왜 우리 가운데에는 제대로 된 주인, 올바른 생각을 가진 인물이 없나요? 우리 가운데 인물이 없는 것은, 인물이 되려고 마음먹고 힘쓰는 사람이 없고, 주인이 되겠다고 마음먹고 이끌고 가는 지도자가 없기 때문입니다. 훌륭한 지도자가 없다고 한탄하지 말고 스스로 주인이 되겠다는 의지를 가져야 합니다. 그것은 바로 투철한 주인의식, 강력한 책임의식을 길러야 합니다. 이는 바로 시대적인 요구이며 민족의 명령이기도 합니다. 정확하고 철저한 주인의식은 바로 민족의 힘입니다. 우리가 믿고 바라는 것은 오직 우리의 힘입니다."

도산은 독립이란 말의 본뜻은 나에게 주어진 일을 내 스스로 하고, 내가 하는 일이 국가와 민족에 도움이 되는 것이라고 역설하였다.

독립은 우리들 손으로 이룩해야 한다. 그래야 삶의 힘이 생기고 생활이 기뻐지고 사회가 밝아진다는 것이다. 서로가 인격을 존중하면서 함께 살아가는 공동 사회, 서로 힘을 의지하여 사는 사회가 독립된 나라의 사회라고 말한 것이다.

그 반대로 남의 힘만 믿고 남의 힘을 의지하여 시키는 대로 일하며 사는 것은 노예들의 사회이다.

만일 우리가 노예와 같은 근성으로 독립운동을 한다거나 다른 강력한 나라의 도움만 바라보면서 독립운동을 한다면 우리의 독립은 더욱 힘들고 멀어진다고 외쳤다.

끊임없이 수양하는 민족에게는 발전과 번영을 누릴 수 있는 지혜와 힘이 생긴다. 이것이 곧 민족의 힘이라고 강조하였다.

수양동우회

서울에서 이광수 등이 중심이 되어 조직한 수양 동맹회와, 평양에 김동원 등이 만든 동우구락부가 합쳐 만든 민중 계몽 단체이다. 수양동우회는 미국에서 만든 흥사단의 무실역행 충의용감의 근본이념과 독립운동의 방향이 비슷하고 활동의 목표도 같아 흥사단 한국 본부라고 스스로 여겼다.

두 단체가 하나로 합치면서 수양동우회로 명칭을 고쳤다. 도산의 독립운동 정신과 이념을 따른 단체였다. 그 뒤 국내에서 활동하는 흥사단 단원들과 통합하여 동우회로 이름을 바꾸었다.

동우회 회원으로는 주로 변호사, 의사, 교육가, 목사, 저술가 및 광산업자와 상공인 등이었다. 동우회는 회관을 마련하고 ≪동광東光≫ 잡지를 발행하는 등 국민들에게 독립정신을 심어주는데 힘썼다. 이로 인하여 일본 경찰의 감시 대상이 되었다.

03 확고한 사상과 신념

도산은 대한제국 말기의 애국지사, 독립투사들 가운데서도 가장 확고한 자기의 사상과 투철한 신념을 가지고 항일투쟁을 전개해 나갔다.

나라를 빼앗긴 슬픔과 분노에 맨주먹을 불끈 쥐며 비폭력 무저항주의로 독립운동을 펼쳤던 유일한 인물이다. 도산은 총칼을 들고 일본군에게 대항하였던 애국지사들과는 전혀 다른 방향에서 일본을 배척하며 항일운동을 전개하였다.

도산은 어떤 감정이나 폭력적 대응이 아니라, 국민 계몽과 교육, 비밀결사로 침략자 일본을 규탄하고 그들의 급소를 찔렀다.

독립운동의 방법을 설정하고, 그 실행 방법을 체계적으로 세워 꾸준히 실천하며 민족이 나아갈 바를 일깨워주고 미래를 향한 비전을 제시한 리더였다.

독립운동의 방향이나 민족 계몽을 위하여 도산이 생각하고 실천한 것은 이념적 사상적으로 확고한 국가관과 민족적 주인의식이 바탕이었다.

그래서 그런 국가관이나 사상은 남의 이론이나 지식에서 따온 것이 아니라, 스스로 직접 창안하고 개발한 아이디어다. 독립운동과 투쟁의 삶을 통한 자신의 경험과 몸소 체험하면서 창조해 낸 아이디어라는 데서 그 정신과 가치가 빛나고 많은 사람에게 감동을 주었다. 엄청난 압박과 고통 속에서 어떻게 하면 우리 민족이 독립을 쟁취하고 사람다운 삶을 누릴 수 있을까? 그런 고민을 안고 민중을 계몽하면서 이끈 지도자였다.

사람다운 사람으로 살아갈 수 있는 길을 찾아보자며 쏟아낸 독립정신과 구국의 일념은 눈물과 땀방울로 얼룩져서 이 땅에 골고루 뿌려졌다.

도산이 독립운동을 펼치던 그때 우리나라 한국 사회의 역사적 과제는 첫째도 독립, 둘째도 독립이었다. 나라가 독립되어야 민족도 번영한다는 신념이었다. 날이 갈수록 잔학해지는 일제의 식민정책과 정치적 탄압, 그리고 배달민족의 혼을 송두리째 없애 버리는 철저한 지배의 쇠사슬에서 벗어나야 한다는 몸부림이었다.

민족의 독립을 이룩하여 복된 국가를 건설하여야 한다는 도산의 근본이념은 조금도 흔들림이 없었다. 너무나 확고한 사상과 투철한 신념으로 모두의 가슴에 다가왔다.

"우리 민족이 독립을 이룩하려면 민족의 힘부터 길러야 한다. 사람은 누구나 자기의 힘만큼 달릴 수 있다. 인간 개개인의 능력은 매우 제한적이다. 마찬가지로 민족도 제 능력만큼 발전할 수 있다. 능력을 초월하는 발전은 기대할 수도, 또 기약할 수도 없다. 작은 일에는 작은 힘이 필요하고 큰일에는 큰 힘이 필요하다. 작은 힘으로 큰일을 할 수 없다. 힘이 있으면 살고 힘이 없으면 죽는다는 것이 자연의 냉엄한 법칙이다. 개개인의 힘은 보잘것없다 해도 그 작은 힘들이 모이고 뭉치면 엄청난 힘을 발휘할 수 있다. 그러므로 우리는 힘을 믿고 힘을 기르는 도리밖에 없다."

도산은 이렇게 외쳤다.

우리 민족이 독립을 이룩하기 위해서는 독립을 달성할 만한 힘을 길러야 한다는 생각이다. 강한 힘이 모든 것을 이루고 해결할 수 있는 바탕이라는 사상은 그 누구도 꺾거나 부인할 수 없는 확고한 것이었다.

그토록 힘의 필요와 힘의 양성을 주장한 도산에게는 구체적으로 어떤 힘을 어떻게 기를 것이냐 하는 것이 숙제였다.

"단결의 힘, 도덕의 힘을 길러야 한다. 여기에는 여러 가지 방법과 방향이 있을 수 있다. 지식의 힘, 경제의 힘, 인격의 힘, 협동의 힘 등 여러 갈래이다. 또 다른 차원에서는 금전의 힘, 지식의 힘, 신용의 힘, 근면의 힘도 있다. 이런 여러 가지의 힘을 기르고 비축하여야 한다."

도산이 강조한 힘은 나라의 독립과 민족의 번영을 다지는 근본 바탕이다. 2,000만 국민이 서로 동맹하여 뭉치면 그러한 힘과 자본을 저축할 수 있다는 것이었다.

한 개인이 사회에서 살아가는 데에도 건강, 지식, 기술 같은 것이 삶의 밑천이 될 수 있다. 그러나 우리 민족이 독립하여 번영된 국가를 이룩하려면 여러 가지의 힘과 자본이 필요하다고 역설하였다. 너무나 당연한 외침이다.

04 무실역행과 충의용감

도산이 평생 독립운동의 중심에 두고 추구하고 강조한 것은 힘, 곧 인격의 힘이다.

"개인 한 사람 한 사람의 건전한 인격은 집을 짓는 데 쓰이는 재목이나 벽돌과 같다. 그것들 하나하나가 튼튼하고 견고할 때 좋은 집, 훌륭하고 튼튼한 집을 지을 수 있다. 마찬가지로 강한 국가 튼튼한 민족의 뿌리는 국민 개인의 인격이 먼저 건강하고 튼튼해야 한다. 그래야만 나라의 힘과 민족의 힘이 하나로 융화되어 건전한 관계를 형성하면서 위대한 국력을 발휘할 수 있게 된다. 나 하나가 건전한 인격이 되는 것이 곧 애국의 길이라는 생각을 분명히 해야 한다. 나부터 나를 건전한 인격으로 만드는 일은 곧 민족을 강하게 하는 길이다."

국민 개개인이 먼저 자신부터 인격을 수양하는 일이 곧 독립을 이룩하는 지름길이라는 것이다. 도산은 건전한 인격 수양을 위하여 두 가지 요소를 갖추어야 한다고 강조하였다.

먼저, 생각과 말, 행실 곧 사思, 언言, 행行에서 남의 본보기가 되어야 한다. 이에는 건실한 도덕적 품성부터 갖추어야 한다.

건전한 인격은 건강한 육체와 건전한 도덕성을 지녀야 한다. 이는 인격적 덕성을 함양하는 근본이 된다.

우리가 모두 이를 위해서 참되고도 실속 있도록 힘써 일하는 무실역행務實力行과, 충성과 절의를 지키고 모든 일에 용감함을 보여주는 충의용감忠義勇敢의 정신부터 확고하게 다져야 한다.

무실역행, 충의용감을 좀 더 풀이하면, 모두가 각자에게 주어진 일에 성실하고 참되도록 힘쓰고 진실 되기를 힘쓰면 모든 일이 원만하게 이루어질 수 있다는 가르침이다. 허망한 꿈에 사로 잡혀 있지 말고 현실을 바로 보고 실질에 힘쓰자는 말이다.

무실의 반대는 거짓이다. 거짓말하지 말자, 속이지 말자. 곧 정직하기에 힘쓰자는 뜻이다. 이는 평소 도산의 교육 이념이기도 하다. 무실은 실천과 실용, 그리고 진실로 진리 탐구에 힘쓴다는 의미도 포함하고 있다. 진실을 알고 이를 바르게 실행하면서 저마다 참된 사람이 되자는 의미이다.

무실은 개조의 내용이고, 역행은 실천의 행동이다. 결국, 무실과 역행 없이는 자기 개조가 불가능하다는 말이다.

참되자는 말은 서로 믿고, 옳은 일이라고 생각하는 일이나 마땅히 해야 하는 일에는 주저하지 말자는 뜻이다. 더구나 인간이 마땅히 걸어가야 할 길에 주저함이 없어야 한다. 꾸준히 실천하면서 앞으로 나아가려는 노력과 마음가짐이 필요하다는 뜻이다.

충의는 충성과 신의를 합친 말이니, 사람에 대해서는 언제나 참되고 신용이 있고 충성심이 있어야 한다. 또 어떤 일이든지 일단 주어지거나 계획을 세웠으면 그 일이 자신에게 이롭거나 불리함을 따지기 전에 끝까지 성실하게 실행하라는 말이다.

주어진 일에 충성을 다하고 사람에 대해서는 신의를 다하자는 것이 충의의 기본 정신이다.

용감은, 옳은 일에 주저하지 말고 두려움 없이 진행하며 어려운 일에는 참고 견디는 인내심으로 추진하는 자세를 말한다.

용기는 정의와 진리에 대한 확고한 신념을 바탕으로 한다. 때문에 정의로움과 사악함을 분별하고 그 신념에 따라 거리낌이 없이 일관된 자세를 지키는 일이다.

다음으로는, 건전한 인격은 민족의 번영을 위하는 애국 행위라 매우 중요한 요소이다.

도산은 "생산적 직업인이 많아야 한다. 이는 한 가지 이상의 전문 지식과 생산 기능을 가진 사람들을 가리킨다."라고 강조했다.

우리 민족은 옛날부터 기술자를 장인匠人이라고 하여 생산 기능에 종사하는 사람을 낮게 보는 폐단이 있었다. 이런 사회적 인식 때문에 민족의 번영과 부강을 위한 생산 현장을 기피하는 사람들이 많았다. 도산의 생각은 달랐다. 미국에서 노동일을 하면서 고학한 경험이 있는 그로서는 당연한 생각인지 모른다.

효도 제사까지 막아

1930년대로 접어들자 일본은 독립운동가들을 색출하여 체포하는 데 더욱 열을 올렸다. 농촌에선 토지를 강제로 수용하고 농민들을 소작농으로 내몰았다. 농토는 일본이 소유하고 한국 농부들은 머슴이 되고 만 것이다.

힘들여 농사를 지어 놓으면 일본이 이출移出이라는 공출 명목으로 빼앗아 갔다. 이출은 강제로 빼앗는 수탈인데, 일본으로 보낸다 하여 이출이라는 이름을 붙인 것이다. 이러한 제도는 일본이 1910년에 실시한 토지조사사업으로 토지를 농민들로부터 빼앗았기 때문이다.

그리고 한국인의 미풍양속인 충의용감忠義勇敢, 곧 부모에 효도하고 임금에게 충성과 절의를 지키고 형제 간에 사랑을 나누며 이웃에 믿음을 주고 모든 일에 정의롭고 용감함을 보여주는 일들을 하지 못하도록 막았다. 그 방법의 하나로 제사祭祀 지내는 일까지 폐지시켰다.

05 애기애타愛己愛他

도산은 애기애타愛己愛他라는 필적을 남겼다. 이 말은 자기를 사랑하듯 다른 사람도 사랑하라는 뜻이다.

독립운동가로, 교육가로 평생을 독립운동과 민족 번영을 위해 헌신한 도산은 민족 부흥을 위한 사회교육 운동을 활발히 전개하였다.

도산의 교육사상은 교육을 통하여 민족 혁신을 이룩하자는 것이 근본 핵심이었다. 나 하나를 건전한 인격체로 만드는 것이 우리 2,000만 민족을 건전하게 하는 유일한 길이라고 강조하였다.

도산은 힘 있는 민족이 되는 지름길로 국민 개개인의 인격 개조 운동과 더불어 민족성을 개조할 필요가 있다고 역설하였다.

도산은 건전한 인격과 튼튼한 신체를 강조했다. 늘 어디서나 4대 정신과 3대 덕성을 주창하였다. 3대 덕성은 지덕체로 지육智育,

덕육德育, 체육體育을 말한다. 덕이 없는 지知는 악의 힘이 되고, 건강 없는 지知는 불평만을 늘어놓는다고 생각한 것이다.

도산은 지덕체 요소를 두루 갖춘 인재를 많이 길러내야 일제의 탄압 밑에서라도 자주독립 국가가 되어 민족의 영원한 번영을 이룰 수 있다고 굳게 믿었다. 그런 신념은 홍사단을 비롯하여 청년학우회 등 여러 단체의 활동을 통해 드러났다.

도산은 인격 수양의 훈련과 동시에 단결 훈련을 강조하였다. 민족의 힘이란 민족을 구성하는 개개인의 지덕체의 총화이며 그 총화의 힘은 정치, 경제, 국방 병력 등에서 개별 능력과 재능이 힘의 바탕으로 드러난다고 보았다.

그렇기 때문에 민족의 기본 역량을 기르려면 먼저 민족을 구성하는 개개인의 힘부터 양성하는 일이 우선되어야 한다. 그뿐만 아니라 길러진 힘을 하나로 모아 단결하는 일이 중요하다.

도산은 독립운동과 민족 계몽을 필생의 일로 여기면서 수많은 조직들을 만들어 이끌었다. 서로 다른 조직과 조직을 협동과 단

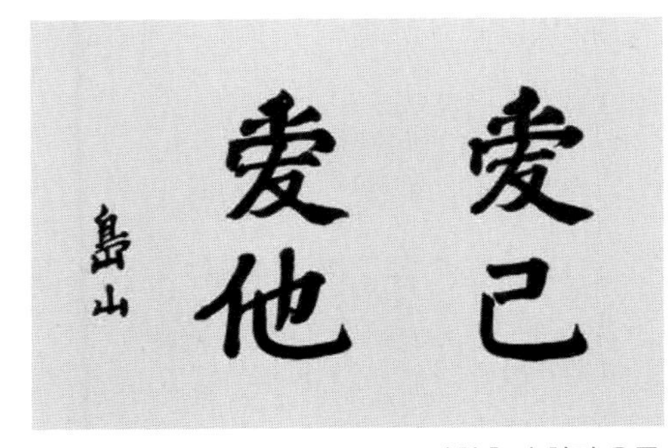

| 안창호의 친필 유묵

결, 또는 통일시키는 일에 놀라운 리더십을 발휘하였다. 그러면서도 자신의 지위나 이권을 과감하게 포기하는 모습을 보여주었다.

사랑은 인仁의 근본

사람은 사랑하며 살아간다. 사랑은 문학, 종교, 철학, 예술, 도덕 등 모든 분야를 가릴 것 없이 가장 근본적인 바탕이다.

특히 동양에서는 인仁, 자애慈愛, 효제孝悌 등에서 사랑을 삶의 기본 바탕으로 여겼으며, 기독교 계통의 서양에서도 동양과 마찬가지로 사랑을 기장 기본 바탕으로 삼았다.

도산은 애기애타愛己愛他라는 필적을 통해 자기를 사랑하듯 다른 사람도 사랑하라고 가르쳤다. 독립운동과 민족 번영을 이룩하기 위해 사랑과 협력을 통한 사회교육 운동을 펼쳐야 한다고 주장하였다. 남녀 모두를 사랑하는 교육을 통하여 민족 혁신을 이룩하자는 것이 근본 핵심이라고 밝혔다.

이런 바탕 위에서 나 하나를 건전한 인격체로 만드는 것이 우리 2,000만 민족을 건전하게 하는 유일한 길이라고 강조하였다.

05

민족을 이끈 선각자

01 자주독립을 외친 리더십

도산 안창호는 일찍이 민족의 자존심을 일깨워 준 독립운동가로 널리 이름을 날렸다. 미국 로스앤젤레스 동쪽 도시 리버사이드시에는 세계적인 민족 지도자의 동상이 3개 우뚝 서 있다. 그 동상은 인도의 간디, 미국의 루터 킹 목사, 그리고 한국의 도산 안창호 선생의 동상이다. 이들 세 사람의 동상은 세계적으로 추앙받을 만큼 훌륭한 리더십과 탁월한 영도력을 보여준 인물로서 국가와 민족을 구별하지 않고 선정하여 건립한 것이다.

미국 유학 시절, 로스앤젤레스 리버사이드 오렌지 농장에서 오렌지 따는 노동을 하며 고학을 했던 도산은, "오렌지 하나를 따더라도 정성껏 따는 것이 나라를 위하는 길이다." 라고 역설했다.

어린이와 청소년에게 꿈과 희망을 주는 한국의 위인, 독립운동과 민족 개혁의 리더십을 보여준 도산의 동상은 서울에서 8만 리里나 떨어진 미국 땅에 서 있지만, 세계적으로 인정받고 있는 동상으로 유명하다. 국민들에게 인간과 국가와 민족이 무엇인가를 심어준 도산의 동상은 서울 강남 도산공원에도 세워져 있다. 이 동상은 2003년에 세웠다. 국민들에게 스스로 삶의 중심을 찾고 인간의 길을 걸어가도록 이끌어준 도산의 애국정신과 국민 사랑, 그리고 신교육의 정신을 보여주는 모습으로 우뚝 섰다.

리버사이드 오렌지 농장에서 일하고 있는 안창호

우리나라 독립 역사의 한 축을 엮어준 도산은 탁월한 리더십, 감동할 만한 영도력, 투철한 애국지사, 신교육의 선각자로서 국민의 사랑과 존경을 한 몸에 받고 있는 역사의 인물이다. 나라를 사랑하고 국민을 계도한다는 것이 무엇이고, 민족의 지도자가 되기 위해서는 어떤 리더십을 가져야 하며, 글로벌 시대를 어떻게 살아가야 하며, 경쟁 사회 속에서 어떻게 행동해야 할 것인가를 일러 준 겨레의 큰 스승, 위대한 지도자가 바로 도산 안창호였다.

도산이 태어났던 1878년은 대한제국의 황제 고종 15년, 나라의 운명이 쇠퇴하여 암흑의 절벽으로 깊숙이 빠져 들어가고 있을 때였다.

"강한 나라와 맞서려면 강한 힘이 있어야 한다."

나라의 주권을 잃은 것을 뼈아프게 느끼며 주먹을 불끈 쥐었던 도산, 평생 나라의 독립과 겨레의 인권 회복을 위해 몸부림쳤던 그는 독립협회에 들어가 독립운동을 시작하였다.

도산은 서재필 박사가 주축으로 이끄는 독립협회에서 독립정신을 가다듬었다. 나라 살림을 바로잡으려던 민중 대회인 만민공동회에 이어 국권 회복을 목적으로 한 항일 비밀결사단체 신민회를 만드는 핵심 인물이 되고, 민족의 부흥운동이 새로운 독립운동의 길이라고 굳게 믿고 헌신적으로 정진하였다. 대한제국이 멸망하고 암울했던 시기, 미국으로 유학의 길을 떠난 도산은 대한인국민회 활동도 적극 참여하였다. 이 단체는 미국 여러 지역에 분산되어 있는 한인 단체들을 한데 모은 단체였다. 흥사단을 창립해 민족운동을 이끌어 갈 지도자를 키우는 일에도 열성을 다하였다.

이렇게 헌신적으로 독립운동을 펼치고 국민 계몽운동과 신교육 활동을 전개하면서 자주독립을 외쳤던 도산의 선각자적인 탁월한 리더십은 '도산 안창호' 이름과 함께 찬란하게 빛나고 있다.

간디

인도의 정치 지도자, 사상가 1869~1948년. '마하트마' 위대한 영혼, '맨발의 성자' 로 불리며 대중의 존경을 받는다.

런던 유학에서 변호사 자격을 얻고 귀국하여 변호사로 활동하다가 1893년 아프리카에서 인도 교포 노동자들의 시민권 획득 투쟁을 지도하였다.

이때 '사탸그라하' 곧 진리의 획득이라고 하는 대중적 비폭력 저항운동을 시작, 22년간 성공적으로 이끌었다.

귀국 후 영국의 식민 제국주의에 반대하는 운동을 지도하면서, 영국의 상징인 소금 세금, 즉 염세에 대항하여 소금의 행진을 통해 인도 독립운동을 이끌고 민족운동의 최고 지도자로 떠올랐다.

인도의 독립과 통일, 그리고 인도 국민의 계급 체계의 해체 및 인권 회복에 앞장섰다. 1948년 1월 30일 광신적인 힌두교도에게 암살당했다. 자서전 ≪진리의 실험≫을 남겼다.

루터 킹 목사

미국 침례교의 흑인 목사1929~1968년 흑인 공민권운동의 지도자. 시내 버스 좌석의 인종 분리에 반대하면서 이름을 알렸다. 그 후 흑인 차별 반대와 흑인들의 지위 향상 운동을 이끌었다.

흑인노예 해방 100주년을 기념하는 1963년 워싱턴 행진에서 '나에게 꿈이 있다' 는 연설을 하여 유명해졌고, 이듬해 노벨평화상을 받았다.

1968년 4월 4일, 멤피스 시의 청소부 파업을 지원하던 중에 암살당했다. 1983년 그의 생일1월 15일이 들어 있는 1월의 셋째 월요일을 국민 축제의 날로 지정, 해마다 이날 그를 추모하는 행사를 펼친다.

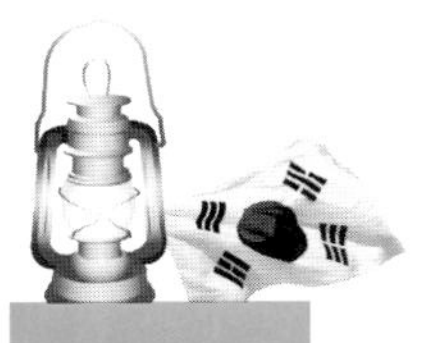

02 육십 평생 열망한 독립

서울 강남구에 도산대로와 도산공원이 있다. 이는 안창호의 호 도산에서 따온 거리 이름과 공원 이름이다.

도산은 10대 어린 나이에 고향을 떠나 서울에서 선교사가 세운 구세 학당에서 영어를 배우고, 수학, 과학 등 신식 학문을 배웠다.

구세 학당은 공짜로 먹여주고, 공부시켜 주고, 재워주는 학교였다. 서당에서 한학을 배우던 소년은 모든 것이 신기했다. 구세 학당에서의 신식 교육은 어느새 소년의 꿈에 날개를 달아주었다.

도산은 꿈의 날개로 태평양을 건너 더 넓은 신세계를 향해 날아가기 시작했다.

"바다 건너 미국은 어떤 나라일까? 미국에서 공부하고 싶다!"

도산은 개화된 세상을 상상하며 열심히 공부하고 싶었다. 일생을 살면서 해야 할 일들을 꿈꾸고, 그 꿈을 실현하기 위하여 해야 할 일들을 손꼽아 보았다. 만나 보고 싶은 사람들도 그려 보았다. 함께 만들어가고 싶은 아름다운 세상을 향해 꿈의 날개를 힘껏 펄럭거렸다. 그런 꿈의 날개로 태평양을 건너갔다.

"나라를 위하는 길은 애국이다. 애국? 그건 보랏빛 꿈이다. 그 꿈을 펼쳐야 한다."

도산은 애국에 대한 열정의 꿈을 생각하였다.

"나부터 건전한 인격으로 다시 태어나야 한다. 국민 한 사람 한 사람이 건전한 인격을 갖는 것은 우리 민족을 건전하게 하는 유일한 길이다."

이렇게 다짐한 도산은 나라와 민족을 이끌고 가겠다는 리더십의 싹을 가슴속에서 키우기 시작한 것이다.

나라를 빼앗긴 대한제국 말기 애국 계몽운동에 몸 바친 도산은 국민 계몽을 위해 교육에 중점을 두고 독립운동에 일생을 바쳤다.

일제 강점기 당시 독립운동 방법을 놓고 독립운동가들 사이에 의견이 엇갈렸다. 무력 투쟁론, 민족 개조론, 외교 독립론을 놓고 갈등을 빚었다.

그러나 도산은 민족 개조론을 강력하게 주창하였다. 이로써 도산은 민족 개조론의 대표적 인물로 떠올랐다.

민족 개조론에 대한 도산의 생각은 분명하였다. 실력을 키우는 일, 교육을 통한 인재 양성이 개조론의 근본이라고 여겼다.

먼저 스스로 힘과 실력을 키워야 한다. 그다음에 그 실력을 기반으로 할 때만이 민족이 자립할 수 있다고 본 것이다. 이와 함께 실력 양성론을 주장하여 경제적, 사회적인 실력을 길러야 나라의 독립이 가능하다고 주장하였다.

도산은 일제가 우리 국민들을 마치 인간 노예처럼 징용해 간다고 분개하였다. 징용은 인간의 기본 가치를 빼앗고 특별 지원병 제도를 만들어 강제적으로 끌어가는 것이었다.

또한, 교육을 통한 교육입국론을 제창하였다. 이를 위해 각종 학교의 설립과 인재 양성에 힘썼다. 도산의 실력 양성론은 윤치호 · 이광수 · 최남선 · 송진우 · 안호상 · 조병옥 · 김성수 등 여러 지도자들에게 큰 영향을 주었다.

'인간 사냥' 징용

도산은 일제가 특별 지원병 제도라는 굴레를 씌워 우리 국민들을 마치 인간 노예처럼 징용해 가는 현실에 크게 분개하면서 이를 규탄하였다.

이 제도는 만 17세 이상의 청소년들을 무조건 특별 지원병으로 뽑아다가 중국과의 전쟁터로 내보내 총알받이로 만들고, 여자들은 정신대로 끌어다가 군사들을 위한 위안부로 삼는 정책이다.

마치 한국인들이 자원하여 군대로 들어와 싸운다는 억지였다. 인간의 기본 가치를 빼앗고 특별 지원병 제도를 만들어 강제적으로 끌어가는 징용이었다.

이런 바탕에는 이른바 내선일체內鮮一體 황국신민 정책이 깔려 있다. 일제는 한국 사람을 강제 동원하기 위한 수단으로 한국인이 일본 사람과 같은 민족이라며 한국 민족을 멸종 또는 말살시키기 위한 엄청나고도 무서운 전략을 감행한 것이다.

03 가정보다 나라 위해 헌신

도산은 서울 종로에서 열린 만민공동회에 연사로 나섰다. 매국노 대신들을 탄핵하자고 주장하면서 성토하였고, 6개 조의 정치 혁신안을 내놓았다.

그러자 일본의 앞잡이 어용 단체인 황국협회에서 만민공동회와 독립협회가 없는 사실을 허위로 꾸며대며 국민들을 현혹시킨다며 경찰에 고소하였다.

이로 인하여 만민공동회가 일본 경찰의 습격을 받았고 강제로 해산되었다. 그뿐만 아니라 도산은 일본 경찰의 수배를 받게 되었다. 서울에서 떳떳하게 활동할 수 없게 된 도산은 몸을 피해 은신해 있다가 고향으로 돌아가 교육과 기독교 전도 운동에 뛰어들었다.

계속해서 경찰에게 쫓기는 몸이 된 도산은 다시 미국으로 건너

안창호가 부인에게 보낸 편지

갔다. 그러나 교민사회 활동과 독립운동으로 아내 이혜련과는 함께 지낼 시간이 별로 없었다. 가정을 이끌고 갈 형편이 못 되었다. 가정을 돌볼 수 없는 아버지가 된 셈이다. 도산은 결혼 이후 40여 년을 살면서 아내와 아이들, 가족과 함께 지낸 기간이 13년밖에 되지 않는다고 밝힌 일이 있다.

고향에서 결혼식을 올린 뒤 아내와 함께 미국으로 건너간 이후 독립협회에서 활동하던 5년과 대한인국민회 시절의 8년간이 가족과 함께 지낸 세월이었다.

더구나 1919년에 상하이로 간 뒤로는 가정을 돌볼 기회가 더 없어졌다. 1926년에 잠시 미국에 들렀다가 다시 상하이로 떠날 때 로스앤젤레스의 YMCA가 도산을 위한 송별식을 열어주었다. 이때 도산은 자기 가족에게 이렇게 말했다.

"내가 지금까지 아내에게 치마저고리 한 벌 사 준 일이 없었고, 큰아들 필립에게도 공책 한 권, 연필 한 자루 못 사주었다. 남편으로서, 아버지로서 그러한 성의가 없어서 그랬던 것은 아니다. 여러 가지 사정으로 그랬는데, 여간 미안하고 죄스럽지 않다. 이를 늘 가슴 아프게 생각한다."

독립운동이다 국민 계몽이다 하면서 눈코 뜰 새 없는 남편과 오랫동안 떨어져 살아온 아내 이혜련은 불평불만을 한 번도 하지 않았다. 경제적으로 무능력한 남편을 탓하지도 않고 아이들을 키웠다.

아내는 낯선 땅 미국으로 유학을 온 남편을 따라왔지만, 망명 아닌 망명 생활로 이어지면서 독립운동과 사회 활동으로 여념이 없는 남편을 보면서 가족보다는 국가와 민족을 위해 헌신해야 할 팔자라고 여기고 스스로를 달래 왔다.

안창호의 가족사진

사실 도산은 유학하겠다며 미국으로 건너간 뒤,

샌프란시스코에 거주하면서 하우스 보이로 취직해 2~3년 동안 막일을 하였다. 그리고 리버사이드로 이사하여 농장에서 오렌지 따는 일을 하였다. 그러면서도 미국으로 건너와 사는 한국인 교포의 단결과 계몽을 위해 기독교 경영의 신학 강습소에서 영어와 신학을 가르쳤다.

교포들을 위한 한인친목회를 만들고 회장으로 선출되었다.

도산은 유학생 신분임에도 교민 사회의 단결을 위해 교민들의 집을 돌아다니며 청소해 주고, 주변에 흩어진 쓰레기를 정리하였으며 겨울에는 집 앞 골목길의 눈도 쓸어주었다.

"저 사람 왜 저러나?"

"지나치게 친절한데?"

교포들은 처음에 도산의 마음을 이해하기는커녕 의심하는 눈초리였다. 그러나 궂은일을 묵묵히 계속하는 도산의 노력에 감동하여 적극적으로 한인친목회 일에 협력하였다. 그러자 가입하지 않았던 사람들까지 모여들었다.

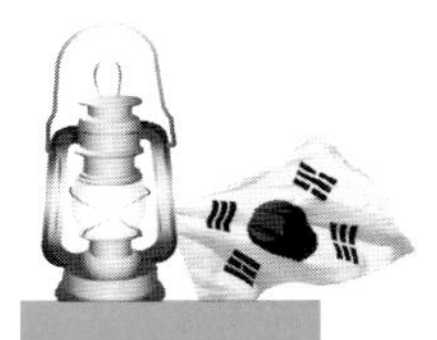

04 민족 계몽과 사회 활동

1907년융희 1 대한협회에서 주최한 강연회에 초청 연사로 참여해 연설을 하였다.

"청년들이여! 그대들은 나라의 기둥이오. 그대들은 진정으로 나라와 겨레를 사랑하는가? 힘을 기르소서! 낙망은 청년의 죽음이요, 청년이 죽으면 민족이 죽습니다! 민족의 등불인 청년들이여! 희망을 가집시다."

이때 도산의 연설에 감동한 여운형, 여운홍 형제와 조만식 등은 독립운동에 동참할 것을 결심하였다. 조만식은 "장차 민족을 위해서 봉사하려면 실력을 키워야 되겠다."라고 다짐하였다.

도산은 이들의 독립 의지에 찬사를 보냈다. 독립운동 동지로서 큰 힘을 얻은 것이다.

도산은 다시 북만주로 건너가 밀산현에 무관학교를 세울 계획을 수립했지만 비용 마련이 어려웠고 계획이 여의치 못하여 포기하고 유랑의 길을 걸었다.

러시아 벌판을 지나 독일을 거쳐 영국에서 대서양을 건너 미국 뉴욕으로 가는 배를 탔다. 샌프란시스코에 도착한 도산은 헤어졌던 가족과 함께 지냈다.

대한인국민회를 만든 것도 이때였다. 샌프란시스코에서 해외 지방총회를 망라한 한국인 교민 단체 대한인국민회 중앙총회 조직에 참여하여, 이승만 · 서재필 · 박용만 등과 국민회를 결성하고 초대 회장에 선임되었다.

민족운동의 구심점이 되는 단체가 필요하다고 생각한 도산은 민족성 부흥운동을 위한 청년 엘리트 단체의 필요성을 절감하고 경술국치 이후 해산된 홍사단을 부활시켰다.

그리고 〈공립신보〉를 〈신한민보〉로 제목을 바꾸어 한글 신문으로 발행하기 시작하였다.

도산에게는 지원 세력이 필요하였다. 서재필 등에게도 도움을 청하는 편지를 보냈다. 그러나 서재필 등의 반응은 차가왔다.

더구나 서재필이 보낸 답장을 본 도산은 크게 실망하였다.

"오늘날 조선의 백성은 일본의 노예가 되어 구차한 명을 보전하고 있소. 그럼에도 불구하고 어느 누구 하나 창피해하거나 부끄러워하지 않고, 일본의 학대에 저항하며 스스로를 보호하고자 하려는 자가 없소. 그러니 바깥 세계에서 조선인을 위해 불쌍하다며 동정을 표하는 자 또한 없는 실정이오. 서재필."

도산은 서재필의 편지를 읽고 또 읽었으나, 그의 마음을 이해할 수가 없었다. 실망을 가슴에 안고 지낼 수만은 없었다. 그러는 사이 세월이 흘렀다.

뒤늦게 미국에 머물고 있던 서재필로부터 연락이 왔다. 영문 잡지를 발간하자는 제의를 해온 것이다.

그때 도산은 독립운동과 국민 계몽, 그리고 대한인국민회와 흥사단 등의 단체 활동으로 무척 바쁜데 다가 마침 파리 강화회의에 한국 대표단을 파견하는 문제로 정신없이 움직일 때였다. 그래서 서재필이 제의한 영문 잡지 발행 계획은 뒷날로 연기하고 말았다.

더구나 동지이자 경쟁자인 이승만은 대한인국민회를 이끌어 가는 주도권을 놓고 박용만과 또 다른 경쟁을 하였다. 대한인국민회 내부에는 다시 안창호파, 이승만파, 박용만파로 쪼개져 사분오

열로 치달았다.

대한인국민회가 파벌 다툼으로 번지자 서재필과 정순만은 한 발 물러서서 구경하듯 방관하는 것이었다.

"하나로 뭉쳐도 어려운 판인데, 서로 제 고집만 부리다니……."

도산은 혀를 차며 안타깝게 여겼다. 도산은 유길준을 만나 자신이 만든 청년학우회와 유길준이 이끄는 흥사단을 통합하자는 제의를 하였다. 이에 유길준은 흔쾌히 찬성하였다.

"좋소! 흥사단을 재창립합시다. 우리에게는 단합된 조직과 통일된 힘이 필요하오!"

"발기인을 전국 8도를 대표하는 25인으로 선정합시다."

흥사단을 재창립하는 일은 빠르게 전개되었다. 예정대로 전국 8도의 대표자 25명을 선정하는 작업이 수월하게 진행되었다.

이후 박용만, 정순만, 이승만도 함께 미국 한인사회의 지도자로 활동하기로 뜻을 모았다.

도산은 대한인국민회의 인가 승인을 캘리포니아 주정부에 제출하여 주지사로부터 정식 사단법인 인가를 받았다.

한인사회 활동과 대한인국민회 조직을 정비하는 일에 정성을 쏟았다. 송종익, 임준기 등과 함께 로스앤젤레스에서 북미 실업 주식회사를 설립했다.

캘리포니아 관내와 멕시코 교민 사회, 캐나다 등을 방문하며 대한인국민회 조직 운동을 강화했다. 이때 로스앤젤레스로 가족들을 불러와 모처럼 함께 지냈다.

1918년이 저물어 가는 연말이 다가왔다.

도산은 새해 1919년 4월에 열리는 파리 강화회의의 한국 대표자로 이승만과 서재필을 파견하기로 하고 미국 국무성에서 여권 발급을 신청하였다. 그러나 믿었던 국무성에서 이를 받아주지 않아 대표자를 파견하는 일은 실패하고 말았다.

파리 강화회의講和會議

제1차 세계대전 종결에 관한 문제를 협의하고자 파리에서 열린 회의이다. 1919년 1월 18일 프랑스 외무성에서 27개국 대표가 모여 6차례 회의를 열었는데, 파리에서 열려 파리 강화회의라고 한다.

중요한 문제는 그때 5대 강국인 미국 · 영국 · 프랑스 · 이탈리아 · 일본에서 2명씩으로 구성된 최고 회의에서 결정하였다.

이때 결정된 일은 국제연맹 창설 결정, 베르사유 조약이라고 하는 독일 강화 조약 초안 마련 등이었다.

이 회의에서 일본은 주요 문제를 의결하는 최고 회의에 참여하였기 때문에 한국 대표단을 회의에 참석시키는 것조차 반대한 것이다.

05 임시정부의 통합 노력

3 · 1 독립만세운동이 열렬하던 1919년 봄, 서재필은 조국에서 전개되고 있는 독립만세운동에 호응하기 위하여 미국 한인연합회를 소집하였다. 한인연합회는 4월 13일부터 4월 15일까지 3일간 필라델피아에서 열렸다.

이때 회의에 참석하고 있던 도산은 상하이 임시정부로부터 내무부 총장에 선출되고 다시 국무총리 서리로 선출되었다는 통보를 받았다. 3일간의 제1차 한인연합회 회의가 끝난 뒤, 다음 날 곧바로 한국의 자유와 독립을 세계에 선언하는 한인자유대회가 잇따라 열렸다.

그 뒤 임시정부를 내세운 한국 독립운동 단체들이 여러 지역에서도 산발적으로 생겼다. 그러더니 마침내 세 개의 임시정부가 따로따로 발표되는 것이었다.

나라 안에서는 독립만세운동이 줄기차게 벌어지고 있을 때, 상하이를 비롯한 해외에서는 임시정부를 세우는 열기가 뜨겁게 달아오르더니 결국엔 세 개의 대한민국 임시정부가 생겨난 것이다.

맨 먼저 1919년 3월 17일 러시아 블라디보스토크에서 대한민국 국민의회 대통령에 손병희, 내무총장에 안창호, 그 밖의 각료들을 선출하고 임시정부 수립을 발표하였다.

그 뒤를 이어 상하이에서는 4월 11일 임시 의정원을 구성하고 국무총리 이승만, 내무총장 안창호, 그 밖의 각료 명단을 발표하였다.

마지막으로 서울에서는 4월 23일 집정관 총재 이승만, 국무총리장 이동휘 등 21명으로 조직된 임시정부 수립을 선언한 것이다.

세 개의 임시정부가 경쟁적으로 발표되면서 혼선이 일어났다.

"독립운동가들은 상하이 임시정부로 통합돼야 한다!"

모두가 강력하게 말하였다.

도산은 기가 막혔다. 한 곳도 아니고 두 곳의 임시정부 내각에 자기 이름이 올랐기 때문이다.

"이래서는 안 된다! 대한민국 임시정부는 하나라야 한다."

"도산이 통합하는 일을 맡으셔야 하오!"

상하이 임시정부 요인들은 이구동성으로 도산에게 여러 지역의 독립투사들을 통합하는 일을 맡겼다. 각지에 있는 정부 영수들을 상하이로 모으는 일이었다. 그런데 조건이 붙었다.

그분들이 한자리에 모이면 도산은 내무총장 및 국무총리 자리를 내놓고 다른 분을 최고 지도자로 추대하자는 조건이다. 물론 도산 자신이 맡을 수도 있다는 단서가 붙었다.

경기도와 충청도 사람들 모임인 기호파의 반발을 예상한 도산은 다른 사람을 임시정부 수반으로 하고, 자신은 내무나 실무 부서 자리를 원한다고 입장을 밝혔다.

임시정부에서는 도산의 조건을 수락하였다.

이에 따라 도산은 각지에 있는 정부 영수들을 상하이로 모으는 일을 시작하였다. 분열된 임시정부의 통합을 위하여 힘썼으나 서로의 입장이 달라 일이 순조롭게 진행되지 못 했다.

도산은 책임을 지고 정무위원에서 사임하겠다고 밝혔다. 그러나 모두가 도산을 임시정부 대통령 대리 후보로 추천하였다. 하지만 도산은 그 자리를 끝내 사양하였다. 그런데도 도산을 대통령 대리로 선정하는 것이었다. 이에 도산은 겸허하게 사양하였다.

"나는 잠시라도 대통령 대리의 명목을 띠고는 몸이 떨려서 일을 진행할 수가 없소."

그로부터 며칠이 지났다.

도산은 내무총장 겸 국무총리 서리에 정식으로 취임하였고, 김구·신익희·조소앙·이시영·여운형 등 50여 명과 함께 시사책진회時事策進會를 만들었다. 그런 와중에서 춘원 이광수가 귀국할 뜻을 보이자 도산은 강력하게 만류하였다.

"지금 압록강을 건너는 것은 왜적에게 항복의 문서를 주는 것과 같음이니 절대 불가하오. 귀국함은 개인의 앞길에 큰 화를 만드는 것이라 속단적으로 행하지 말고 냉정한 태도로 양심의 지배를 받아 행하도록 하오!"

그러나 이광수는 도산의 만류를 듣지 않고 허영숙과 함께 귀국하였다.

해가 바뀌고 봄이 왔다. 도산은 날쌘 청년들을 선발하여 일제강점기 아래서 신음하는 국민들의 정보를 수집해오도록 보냈으나 그들이 조국 땅에서 활동하다가 모두 조선총독부에 체포되면서 실패하고 말았다.

그 뒤 임시정부가 자유주의를 주장하는 대통령 이승만과 공산주의와 소련의 보호를 받는 국무총리 이동휘의 독립운동 방향과 계략, 이념의 차이로 틈이 벌어지면서 또다시 내분에 휩싸였다.

도산은 두 계파 간의 의견 차이를 조절하고 중재하는 일에 발 벗고 나섰다. 그러나 이승만은 이동휘를 맹렬하게 공박했고, 이동휘는 레닌의 자금 사건이 터지자 임시정부 총리직을 사퇴하였다.

그 뒤 대통령 이승만의 위임 통치안을 두고 또 논란이 거듭되면서 이승만 대통령 해임과 탄핵 운동이 일어났다. 여기에 박용만의 외교 총장 취임 거부와 함께 임시정부 운동을 반대하는 일까지 벌어졌다.

이승만을 수반으로 임명하면서부터 임시정부를 반대하는 운동까지 일어나자 임시정부가 극도로 혼란스러워지고 흔들렸다.

그러자 도산은 임시정부 개조론을 제시하고 대통령직을 수행할 수 있도록 이승만 대통령을 중심으로 단결해 줄 것을 호소하였다.

그런 가운데 임시정부를 해체하고 새로운 임시정부를 만들자는 창조파가 고개를 들고, 이에 맞서 임시정부를 지켜야 한다는 고수파가 나타나 갈등은 계속 이어졌다.

그러나 창조파와 고수파의 대립이 깊어지고 어려운 정국을 수습할 수 없게 되자 도산은 임시정부 정무위원 직을 사임하고, 여운형과 함께 국민대표회의 개최에 참여하였다.

드디어 임시정부를 이어갈 것인가 없앨 것인가를 다루는 국민대표회의가 열렸다.

개조파와 창조파 대표자 124명이 참석한 국민대표회의에서도 창조파와 개조파의 의견 차이가 좁혀지지 않았다.

국민대표회의는 아무 결실도 거두지 못한 채 폐회되고 말았다.

그러나 임시정부 내무부 총장 김구는 임시정부 조직을 고쳐서라도 고수하자는 개조파와 창조파를 상하이에서 추방하는 명령을 내렸다. 하지만 도산에게는 어떤 불이익도 가하지 않았다.

대한민국 임시정부 국무원 설립기념 앞줄 가운데 사람이 도산 안창호

임시정부 통합

초기의 대한민국 임시정부를 실질적으로 이끈 사람은 도산이었다. 1919년 5월 25일 미국에서 상하이로 건너와 6월 25일 내무총장 겸 국무총리 서리 직을 수락하고 구체적이고 본격적인 정부 수립에 손을 낸 것이다.

원고지 120장 분량에 임시정부가 펼쳐야 할 독립운동 방향과 정책을 소상하게 담아 발표하였다. 그 주요 골자는 이렇다.

독립운동 방략方略 ▶ 첫째 임시정부의 유지 방안 ▶ 둘째 국내를 향한 운동 방안 ▶ 셋째 국제를 향한 선전 방향 ▶ 넷째 최후의 정부 건국방략

도산은 이렇게 골격을 정해 놓고 재외교포 300만 명을 조직화하여 교육과 홍보에 힘쓰는 한편 산업을 장려하려 임시정부의 틀을 다듬고 진작시켰다. 그리고 다가올 미래 독립의 날에 대비하자고 주장하면서, 성급한 군사적 행동은 아직 때가 아니라고 밝혔다.

06
민족 개조의 리더십

01 동지들에게 주는 글

도산은 외쳤다.

"참배나무에는 참배가 열리고 돌배나무에는 돌배가 열리는 것처럼, 독립할 자격이 있는 민족은 독립국의 열매가 있고 노예가 될 만한 자격이 있는 민족은 망국의 열매가 있다.

세상이야 비웃든지, 칭찬하든지, 돕든지, 해를 끼치든지, 미워하든지, 믿든지, 의심하든지, 다 불구하고, 이것이 우리 민족을 건지는데 합당한 도리라고 깨달으면 그것을 붙들고 끝까지 나가야 한다. 나라의 독립을 위해서는 우선 인재를 길러야 한다."

도산은 한국이 문명개화의 부강한 나라가 되는데 가장 필요한 것은 인재 육성과 실력 양성이라고 강조하였다.

도산은 "우리들 가운데 인물이 없는 것은 인물이 되려고 마음 먹고 힘쓰는 사람이 없는 까닭이다. 인물이 없다고 한탄하는 그 자신이 왜 인물이 되고자 공부를 하지 아니하는가?" 라고 물었다.

"개인이 제 민족을 위해서 일함으로써 나라에 대한 의무를 다 하는 것이다. 나라가 없고 서는 내 집과 내 몸이 있을 수 없으며, 민족이 천대받을 때에 혼자만이 영광을 누릴 수 있는 사람은 아무도 없다." 라며 애국심을 호소하였다.

상하이의 공산주의자들이 평소에는 도산을 모질게 비판하다가도 하숙비가 떨어지면 도산을 찾아와 도움을 요청하였다.

그럴 때마다 도산은 그들에게 얼마의 돈을 주었다.

돈이 없을 때는 차고 있던 시계를 주었다는 일화는 유명하다. 어떤 좌익 운동가는 자기 딸의 취직을 도산에게 부탁할 정도였다.

가난한 한인 고학생들이 찾아오면 밥부터 사 먹이고, 차비와 숙박비도 지불해 주었고, 학생들의 학비까지 직접 건네주기도 했다.

서재필이나 김규식은 한국인 고학생을 거절했는데, 자기들이 어떤 뜻을 품고 유학을 왔으면 그만한 고생도 감내해야 되는 것이 아니냐며 거절하였다. 미국 · 프랑스 · 영국 유학생들에게 용돈과 학비를 주던 인물은 안창호와 이승만이 유일했다.

도산은 상하이에서 임시정부를 세우려고 하자 미국 리버사이드 오렌지 농장에서 일하며 모은 돈과 교포들의 성금을 들고 상하이로 건너갔다.

독립운동과 임시정부에 협조를 요청하는 '동포에게 고하는 글'을 베이징에 보냈다.

1928년 민족유일당 운동에 동참하여 이동녕 · 이시영 · 김구 등과 상하이에서 한국독립당을 만드는데 참여하였고, 연통제聯通制 실시와 대공주의大公主義를 제창하였다.

임시정부에서 조직법을 고쳐 대통령제를 국무령제로 바꾸고 도산을 국무령에 선출하였으나 13일 만에 사퇴하였다.

그 이유는 매우 복잡하다. 국무령을 사퇴한 배경에는 임시정부 안의 경기도와 충청도 사람들 모임인 기호파의 반발이 극심했기 때문이다.

이승만 직계와 이승만을 지지하던 조소앙 외에도 기호파 계열은 도산의 국무령 취임을 극렬하게 반대했다.

기호파의 중심인 안공근 · 김구 · 김보윤 등은 김규식과 연대하여 서북파인 도산이 국무령이 되는 것을 극구 반대하였던 것이다.

연통제와 대공주의

연통제聯通制는 전국 각 도와 시군에 임시정부 연락원을 두어 임시정부의 존재를 국민들에게 알리고 독립자금을 모금하자는 것이다. 그러나 각 시군에 교통국을 두고 또 각 읍면에 교통소를 두며 이를 전국으로 확대시키는 일은 매우 필요한 일이지만, 그 조직을 관리하고 유지하는 일이 일제 감시 아래에서 제대로 할 수 있겠는가 하는 문제가 제기되었다.

또한, 대공주의大公主義는 유럽의 작은 나라에서 쓰는 군주 제도로서, 우리나라 현실에 적용하는데 문제가 있다는 의견이 많았다. 그 어떤 주의와 노선으로도 쪼개거나 떼어낼 수 없는 강인함과 자기희생을 필요로 하는 제3의 길을 제시하였다.

그러나 연통제와 대공주의의 실시는 우리 실정에 맞지 않으며 문제점이 많다는 지적에 따라 포기하고 말았다.

02 압박받은 독립 기지

1929년 2월로 접어들면서 도산에 대한 일제의 목조이기는 더욱 심해졌다. 일본 경찰의 목조이기로 더는 상하이나 만주 지역을 중심으로 독립운동을 계속한다는 것이 어려워졌다. 이 지역을 벗어나 새로운 독립운동 거점 개척을 궁리할 수밖에 없었다.

"중국을 벗어나 필리핀에 새 둥지를 틀어보자."

도산은 탄압의 고삐를 죄어 오는 일본 헌병과 조선총독부의 경찰, 독립운동가를 괴롭히는 일본의 앞잡이 비밀 탐정 등의 탄압과 횡포, 그리고 중국과 만주 지역 마적단들의 불시 습격에 대한 대비 등으로부터 벗어나고 싶었다.

그래서 생각한 것이 만주 동포들을 필리핀으로 이주시켜 보자는 계획 아래 마닐라 등지의 적당한 지역을 물색하느라고 2년 정도 노력하였다. 초기 단계 계획이 마무리되자 필리핀 외무부 이민국을 찾아갔다. 그런데 뜻밖의 제동이 걸렸다.

"일본 여권과 비자가 있어야 하고, 1인당 50원씩의 정착금을 가져오라."

두 가지 조건 모두 불가능한 일이었다. 일본의 여권 비자는 말도 안 되는 것이고 정착금도 큰돈이었다. 그때 50원은 쌀 5가마 값으로 노동자 1명 월급이 쌀 한두 말에 불과했으니 너무 큰돈이었다.

도산은 이승만과 윤치호에게 도움을 청해 정착금은 어느 정도 마련하게 되었다. 그러나 일본의 여권을 얻는 것은 하늘의 별 따기처럼 어려웠다. 아예 불가능했다.

도산은 처음부터 중국인이나 외국인으로 신분을 가장하지 않고 한국인임을 밝혔기에 비자를 내는 일이 더더욱 어려웠다.

필리핀은 1890년대 후반부터 에스파냐의 식민 지배에서 벗어나려는 무력 투쟁으로 필리핀 혁명을 일으켜 국내 사정이 무척 혼란스러웠다. 그러다가 1899년 아시아에서는 처음으로 공화국이 되었다.

그런데 쿠바 독립 문제로 에스파냐와 미국과의 전쟁이 벌어졌다. 이 전쟁에서 미국은 필리핀을 점령하고 파리조약을 맺어 필리핀 제도를 미국에 양도하는 할양을 받아냈다. 이에 필리핀 국민들의 거센 반대가 일어나 이를 진압하는데 여러 해가 걸렸다. 결국, 필리핀은 미국의 지배를 받게 되었다.

1934년에 필리핀 독립법이 미국 의회를 통과하고 1935년 필리핀 자치 정부가 들어섰다. 그 뒤 태평양전쟁 때에는 일본군이 무력 침공으로 점령하자 필리핀 국민들이 항일 게릴라전을 전개하여 필리핀 나라 안이 또다시 시끄러웠다.

젊은 시절의 안창호

03 온화한 인상 강렬한 품성

도산은 무척 겸허한 사람이었다. 겸손한 마음으로 일생을 살았다. 도산에게서는 거만하거니 위압적 표정, 오만불손한 자세나 유아독존의 영웅주의 태도 같은 면모는 전혀 찾아볼 수 없었다.

도산은 두뇌 회전이 빠르고 유창한 언변과 통솔력, 용기와 덕성이 뛰어난 사람이었지만 절대 자만하거나 뽐내는 일이 없었다.

도산은 대중 앞에 나서서 이것저것 떠들고 지시하는 사람이 아니라, 뒤에 서서 묵묵히 자기 직분을 다하고 이끌어 주는 신사였다. 스스로 높이는 자가 아니고 스스로 겸손함을 보여주는 지도자였다.

도산의 비서를 지낸 구익균은 이렇게 표현하였다.

"선생님은 참으로 온화하고, 화도 잘 안 내시고, 거짓말을 할 줄 모르는 분이었습니다."

또 독립운동가 겸 정치인으로 국무총리를 지낸 장택상은 영국으로 가는 도중 베를린에 있는 한국인을 만나 여관에 함께 묵고 있을 때 도산을 만난 일이 있었다. 그때의 도산을 이렇게 평가하였다.

"도산은 어떠한 문제든지, 누구에게든지 자기의 의견을 쉽게 납득시키는 장점을 지녔다. 한 번은 나이가 한참 어린 나를 데리고 얘기를 하였는데, 의견이 달라져서 결말을 내지 못하고 헤어졌다. 그런데 그날 밤중에 다시 찾아와서 나를 설득하였다. 마음속에 품은 말을 털어놓으며 어떻게 해서든지 꼭 나를 설득시키려고 하였다. 납득할 수 있을 때까지 결코 포기하지 않겠다는 의지였다. 그때 어린 내 생각에도 이 분이야말로 우리나라가 해방이 되면 반드시 대통령이 될 분이라고 생각하였다. 그분이야말로 우리가 꼭 대통령으로 모셔야 할 분이라고 느꼈다. 특히 도산의 탁월한 웅변술은 영원히 잊을 수 없는 강렬함을 주었다."

도산은 독립운동의 진행을 가로막던 고질적인 장애물은 사상 분열이라고 강조하였다. 그래서 민족주의자와 공산주의자 간의 사상과 노선 갈등의 극한 대립을 융화시켜 보려고 무진 애를 썼다.

특히 대공주의는 도산이 상하이에서 처음 역설하였다. 이념과 계파, 파벌을 떠나 조국의 독립과 민족의 번영을 위하여 우리 모두 헌신하자는 주장이었다.

공적인 것을 위해서는 먼저 개인과 관련된 일, 사적인 것을 희생해야 된다는 말이었다.

> "여러분, 공과 사를 가르시오. 공과 사 가운데 한쪽을 굳이 희생해야 된다면 사를 희생해야 됩니다. 개체는 전체를 위하여, 전체는 개체를 위하여 존재합니다."

대공주의는 1920년대 중반 이후 독립운동가들 사이에서 빚어진 이념적 사상적 분열을 극복하기 위하여 나온 것이었다.

그때 빠른 속도로 세력이 커진 사회주의자들을 독립운동으로 끌어들여 보자는 생각이었다. 그들을 적극적으로 포용해 내려는 의도에서 나온 것이었다. 그러나 그들의 생각은 다른 데 있었다. 민주주의 국가 건설이 아니라, 공산주의 나라를 만드는 것이었다.

도산은 나라의 독립을 꼭 이룩해야 하나 공산주의 나라로 독립해서는 안 된다고 강조하였다. 민주 국가로 독립하기 위해서는 스스로 힘을 키워야 한다고 생각하였다. 힘을 키울 수 있을 때에만 민족이 스스로 독립하고 자립하며 자유를 누릴 수 있다고 내다보았다. 그래서 실력 양성론을 강력하게 주장했다.

도산의 실력 양성론은 많은 사람이 감동적으로 받아들였다. 그 가운데서도 특히 이광수 · 최남선 · 김성수 · 조병옥 등이 도산을 존경하였다. 개인의 이익보다 사회 전반의 이익, 국민 다수의 이익을 우선으로 하고 민주적 토론 절차를 통해 이루어진 결론을 매우 중요하게 여겼다.

이를 통해 민족 평등, 정치 평등, 경제 평등, 교육 평등이 이루어지는 아름다운 민주주의 나라, 국민의 자유와 행복을 보장하는 나라를 세우자는 것이었다.

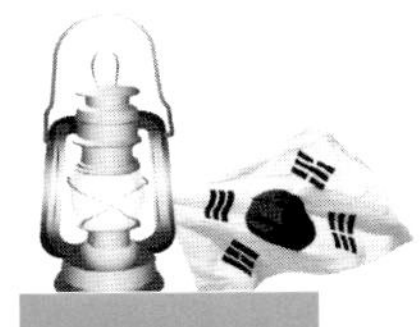

04 평등한 권리와 대우

도산의 국민 사랑은 종교와도 같았다. 국민 모두가 평등한 권리를 행사하고 능력에 따라 차별받지 않고 동등한 대우를 받도록 하는 나라가 행복한 나라라고 역설하였다.

독립운동을 줄기차게 전개하는 과정에서 서로 엄숙히 지킬 맹약으로서 공금을 횡령하지 못한다는 철칙을 세웠다. 공금을 사적으로 횡령하는 행위는 용서하거나 용납해서는 안 된다고 강조하였다.

상하이에서 신년 축하회가 열렸을 때의 일이다. 무려 5시간 동안 독립운동의 방향과 계략으로서 6대 사업에 대한 설명을 하였다.

임시정부의 직원들은 사사로운 감정과 사사로운 행동을 해서는 안 된다면서, 일부 독립운동가라는 사람이 공사公私를 구별 안하고 사사로운 이익을 취한다고 거침없이 말하였다.

"정부의 직원은 인민의 노복이지만, 결코 인민 각개의 노복이 아니요, 인민 전체의 공복公僕이오. 그러므로 정부 직원은 인민 전체의 명령에 절대복종한다는 마음을 가져야 하고, 개인의 명령을 따라 마당을 쓰는 노복이 아님을 분명히 인식하여야 할 것이오. 그러니까 정부의 직원으로서는 상하 관계가 공정해야 하며, 개인적인 종으로 삼으려는 생각을 아예 하지 마시오. 그러지 말고 공복을 삼으시오. 나는 여러 사람이 우리 국무원을 방문하여 사정을 논하고, 사사로움을 택하는 일을 보았소. 이는 크게 잘못된 일로써 매우 불가한 일이니, 공사를 모르는 자와는 결코 환담을 하지 마시오. 이것이 평범한 일인 것 같지만 사실은 큰일이요. 오늘부터는 정부 직원은 아들이 찾아온다 해도 아들로 알지 말고 사위가 찾아와도 사위로 알지 마시오. 사위를 위해서 공사를 해함은 큰 죄입니다."

도산은 국민대표회 회의에서 통일과 대동단결을 다음과 같이 강조하였다.

"나는 이에 대해서 몇 가지로서 말하고자 합니다. 첫째는 과거의 감정을 망각할 것, 둘째는 너와 나를 같게 여길 것, 셋째는 일을 표준화하여 공평 정직할 것, 넷째는 흉금을 피력할 것, 다섯째 공적인 결론에 따를 것 등이외다. 여러분이 어떠한 이론을 말하고 어떠한 안을 제출하든지 각각 그 자신이나 친구나 당파의 이해를 기준으로 하여 겉으로는 공정한 척하면서도 안으로 사욕을 부리면 구하는 바를 원만하게 얻지 못할 뿐 아니라 도리어 패망에 이를지니 그러므로 각각 자가의 이해는 절대로 희생하고 오직 일만 하는 순결한 마음으로 회의석상에서 공평과 정직을 주장하면 설혹 이익을 앞세우는 세력이 싸움을 치열하게 걸어온다 해도 아무 손실이나 해로움이 없고 도리어 회의 전체는 원만하여지고 대표된 자의 책임을 다하는 것이 될 것이외다."

도산은 대중 연설에서 유명한 역사 기록의 한 구절을 예로 들어 소개하였다.

"사적인 싸움에는 겁을 품고, 공적인 싸움에는 용감하라."

그리하여 공을 위해 사를 희생해야 된다는 것을 주제로 한 대공주의라는 것을 구체화하여 발표하기에 이른 것이다. 이는 서구의 개인주의나 자유주의에 대응하되 이념적인 것이 아니라는 생각이었다.

도산은 민족주의자들이 추구하던 궁극적 목표인 독립국가의 건설이라는 틀 속에서 자유주의자들의 주장인 어떤 것에도 억압되지 않는 자유의 가치를 수용하고, 사회주의자들과 공산주의자들의 주장인 평등의 가치는 속과 겉이 다르다는 것을 주의하도록 설명하였다.

대공주의를 바탕으로 안으로는 정치, 경제, 사회, 교육 등 각 분야에서 평등사회를 실현하고, 개인과 개인 사이의 평등한 권리와 대우 보장을 역설하였다. 그리고 밖으로는 민족과 국가 사이에 평등을 통한 평화적 세계 질서가 수립되어야 그 존립의 가치가 있다고 제시하였다.

05 교육입국의 리더십

도산은 교육입국론의 리더십을 보여주었다. 실력 양성을 위한 방법의 하나로 교육으로 나라를 일으키자고 주장하였다.

교육이 곧 도탄과 식민 통치에 빠진 한국을 독립시킬 수 있는 길이라고 확신하였다. 교육입국론에 따라 강서에 점진 학교, 평양에 대성 학교를 건립한 것이다.

도산과 생각이 같았던 이동휘 · 윤치호 · 양기탁 등이 점진 학교, 대성 학교의 운영에 적극 협력 동참하였다.

도산의 교육사상에 감화된 인사들이 여러 곳에서 사립 학교에 손을 댔다. 실제로 김성수 등은 학교 경영난을 겪던 중앙 학교와 보성전문학교를 인수하였고, 장덕수 · 윤치호는 이화여전, 근화여학교 등의 재단 이사로 참여하였다. 그로 인하여 사립학교 재단의 재정적 후견인 노릇을 하면서 도산의 교육 의지를 떠받치는 역할을 한 것이다.

결국, 도산의 교육입국론은 교육으로 나라를 일으키자는 외침이었다. 도산은 개화기에 점진학교를 세우고 또 대성학교를 세우면서 교육 이념에 스스로 불씨를 지피며 현장으로 뛰어들었다.

도산의 교육사상은 새로운 시스템의 학교 교육을 통하여 건전한 인격을 가진 애국심 강한 국민으로 키우고 주체성, 독립심, 책임의식을 심어주자는 것이었다.

도산이 교육입국론을 외친 뒤 교육 구국론, 교육 홍국론이 고개를 들었다. 우리나라 사회에 깊이 뿌리 박고 있던 봉건적 생각들을 개혁하고 앞서 가는 선진국의 문물을 받아들여서 강대국들의 식민 침략 정책에 효과적으로 대응하자는 생각에서 나온 말들이다.

그때 선각자들은 다른 나라들은 무섭게 발달하는데 우리는 아직도 옛날의 낡은 틀에 잠겨 있다고 생각한 것이다. 우리 민족의 근대화와 나라를 발전시키는 근본 바탕은 교육에 의해서만 가능하다고 믿었다.

> "학교가 번성하면 그 나라가 문명하고, 학교가 번성하지 못하면 그 나라는 어리석음에서 벗어나지 못한다."

그때 선각자들은 근대 교육 기관의 설립 필요성을 주창하였다.

이런 가운데 1883년 원산 주민들이 스스로 자금을 모아 원산학사를 세우면서 새로운 교육 기관을 먼저 일으켰다. 원산학사는 외국 세력에 부딪치는 원산항에서 새로운 국제 정세의 변화에 순응하기 위하여 만든 교육 기관이었다.

교육입국론教育立國論

교육입국론은 교육으로 나라를 일으키자는 주장이다. 서당식 교육이 중심이던 우리나라의 현대식 교육은 외국인 선교사들이 일으켰다. 선교사들은 1885년 배재학당을, 1886년 이화학당을 설립한 것이다.

한국인으로는 민영환이 1895년 흥화 학교, 민영기가 1896년 중교의숙을 세웠고, 안창호는 1899년 점진 학교를 세워 근대화 교육의 문을 열었다.

그 뒤 서광세가 1901년 낙연의숙, 전덕기가 1904년 상동청년학원을 세웠고, 1905년에는 엄주익이 양정학원을, 이용익이 보성학교를 세웠다. 이어서 김양당의 정신여학교, 민영휘의 휘문의숙, 엄귀비의 진명여학교와 숙명여학교 등이 잇따라 개교되면서 근대 교육을 향한 한국의 사립학교 시대가 열린 것이다.

07
시련 극복의 리더십

01 총칼에 맞선 의지력

도산은 의지력이 매우 강한 멋쟁이 신사였다.

수려한 외모에 옷을 잘 입었다. 양복 정장에 넥타이를 매고, 중절모를 쓰고 다닐 때가 많았다. 그래서 깨끗하게 차려입는 멋쟁이라는 말을 듣곤 하였다. 더구나 독립운동을 하느라고 가족들 특히 아내와 떨어져 지내는 날이 많았다. 구수한 말솜씨에 뛰어난 웅변술로 수많은 사람을 사로잡았다.

도산이 독립운동에 열정을 쏟고 있던 청년 시절, 도산을 존경하는 여성들이 많았다. 여러 날을 혼자 지낸다고 하여 홀아비라고 놀려댔다. 독립운동하느라고 여기저기 뛰어다닌 탓에 아내와 멀리 떨어져서 마치 홀아비처럼 생활한 도산을 연모한 여성들도 있었다.

도산을 연모한 여성 가운데 한 사람, 최모라는 신여성이 어느 날 도산의 침실로 들어간 일화가 있다. 혼자 침대에 누워 잠을 자고 있었는데, 최모라는 여인이 허락도 없이 들어간 것이다.

그 여인은 마치 도산의 애인인 양 침대 옆에 앉아 잠든 도산의 손을 잡았다. 도산은 깜짝 놀라 눈을 떴다. 처음 보는 최 여인이 미소를 지었다. 도산은 긴장하며 정중하게 말하였다.

"누구시오?"

"죄송해요! 선생님."

"용건이 뭐요?"

"선생님을 사모합니다."

"그렇게도 나에 대한 열정이 있다면 그 열정을 독립운동으로 돌리시오."

도산은 조용히 타이르고 여인을 돌려보냈다는 것이다.

매일 밤 열 시에 잠자리에 들고 아침 여섯 시가 되면 일어나서 태극권이나 검술 운동을 하고 식사한 뒤 외출하여 독립운동을 펴는 것이 도산의 일상생활이었다.

집을 나서면 여러 분야에서 활동하는 많은 청년들을 만나 독립운동과 민중 계몽을 위한 이야기를 하였다.

재미 한인사회의 주도권을 놓고 서재필·이승만·박용만과 경쟁하는 것처럼 보이기도 하였으나, 나라의 독립을 위하는 일이라고 생각하면서 청년들을 찾아다니며 담론하는 일을 중단하지 않고 계속하였다.

조병옥·장택상·허정·윤치영 등 여러 유학생들을 직접 찾아다니며 독립운동의 열을 올렸다. 독립운동의 동지이자 라이벌이었던 서재필·이승만·박용만과 편지를 주고받았고, 이광수·김성수와도 수시로 연락하였다. 서울에 있던 윤치호에게도 서신을 띄웠다.

독립운동을 향한 도산의 열정은 매우 강인하였다. 그 열기는 식을 줄 모르고 활활 타오르는 활화산 같았다.

> "우리 청년이 꼭 지켜야 할 것 두 가지가 있소. 하나는 속이지 말자, 둘째는 놀지 말자. 이 말을 매일 밤낮을 가리지 말고 생각하며 실천합시다! 우리 청년들이여! 태산 같은 큰일을 준비합시다. 낙심하지 말고 겁내지 말고 쉬지 말고 용감하고 대담하게 나아갑시다!"

02 일본은 반드시 망한다

"일본은 반드시 망하고, 우리나라는 꼭 독립한다!"

도산은 외쳤다. 이 신념은 종교보다 신성하고 거룩하였다.
도산은 청년학우회에서 연설을 시작하였다.

"나는 일본의 실력을 잘 안다. 지금 아시아에서 가장 강한 무력을 가진 나라다. 그러나 무력만을 앞세워 남의 나라를 침략하고 남의 인격을 짓밟는다. 도덕을 겸하여 갖고 이웃 나라를 존중하기를 바란다. 이는 동양의 평화를 위하고 동양인의 명예를 위해서다. 나는 진정으로 일본이 침략 전쟁을 계속하지 말기를 원한다. 이웃인 나라 대한민국을 유린하는 것은 결코 일본의 이익이 아니라 일본이 패망하기를 자초하는 것이다."

청년들이 손뼉을 치며 환호하였다. 도산의 연설은 계속되었다.

"우리가 원하는 것은 나라의 독립이다. 일본은 우리 2,000만 국민을 일본 사람으로 만들려고 하는데, 그런 억지를 부리지 말라. 우리 국민을 일본 군중에 포함시키는 것보다 우정 있는 2,000만을 이웃 국민으로 정중하게 대우하는 것이 일본의 이득일 것이다. 내가 대한의 독립을 주장하는 것은 동양의 평화와 일본의 복리까지도 위하는 것이다."

우리에게는 아름다운 이성이 있다. 그 이성을 보는 것은 기쁜 일이다. 그러나 그 참다운 이성을 보고 싶거든 정면으로 당당하게 바라보라고 외쳤다.

이성은 곧 위대한 힘을 발산한다. 곁으로 엿보지 말고, 보고 싶다는 생각을 마음에 담아두지 말고, 밖으로 끌어내자고 하였다.

"정당하게 생각하고 올바르게 실천할 때 우리의 독립운동은 그 목적을 달성할 수 있다. 우리가 세운 목적이 그릇된 것이라면 언제든지 실패할 것이요, 우리가 세운 목적이 옳은 것이면 언제든지 성공할 것이외다! 우리 국민은 자유와 평화를 사랑하는 사람들이다! 결코 노예나 적이 아니다. 우리를 명령할 수 있는 것은 오직 각자의 양심과 이성뿐이다. 결코 어떤 개인이나 어떤 단체에 맹종하여서는 아니 되오!"

도산은 계몽운동을 통해 서로 약속한 것을 반드시 지키려고 노력하는 사람이 되자고 당부하였다. 그렇게 할 때 정이 깊어지고 신뢰가 무너지지 않는다고 강조하였다. 만일 어떤 일, 무엇을 하겠다고 약속하고 그대로 실천하지 않는다면 신용 없는 사람으로 상대방이 여기게 된다는 것이다. 그러므로 신의를 꼭 지키는 것이 정의를 기르는 근본이 된다고 여겼다.

"생각이 같다고 해서 성격도 나와 같다고 여기지 말고, 또 나와 같아지기를 바라지 마라. 매끈한 돌이나 거친 돌이나 다 제각기 쓸모가 따로 있는 법이다."

남의 성격이 내 성격과 같아지기를 바라는 것은 어리석은 생각이라는 말이다. 흔히 사람들은 기회가 오지 않는다고 한탄하면서 기회를 기다리고 있지만, 기회는 기다리는 사람에게 잡히지 않는 법이다. 우리는 기회를 기다리는 사람이 되기 전에 기회를 얻을 수 있는 실력을 갖춰야 한다. 일에 더 열중하는 사람에게는 반드시 기회가 다가온다고 믿었다.

"나는 강한 힘은 건전한 인격과 화합 단결에서 나온다는 것을 확신한다. 그러므로 인격 훈련과 단결 훈련 이 두 가지를 청년 여러분에게 간절히 요구하는 바이다. 우리 사회가 왜 이렇게 차가운가? 훈훈한 기운이 없는 것은 서로 사랑하며 믿는 마음이 부족하기 때문이다. 다 함께 존경하고 믿는 마음으로 빙그레 웃는 세상을 우리 함께 만들고 서로 손잡고 웃으면서 나아가자!"

세상의 모든 일은 힘으로 이루어진다.

힘이 적으면 적게 이루고 힘이 크면 크게 이루는 것이 세상의 진리이다. 만일 힘이 없으면 어떤 일도 뜻대로 이룰 수가 없다. 힘을 기르는 일은 곧 기회를 잡을 능력을 기르는 것이다. 사람마다 각자 성공하겠다는 의지를 가지고 있다. 그 목적을 이루고자 하는 사람이라면 먼저 힘을 길러야 한다. 힘은 천 번 생각하고 만 번 생각한다고 해서 생기는 것은 아니다. 생각한 것을 실천에 옮길 때 힘이 생긴다. 우리가 나라의 독립을 이루기 위해서는 국민 모두가 한마음으로 독립을 위해 몸 바쳐야 한다. 오직 나라의 독립을 위해서 단합하여 힘을 모아야 한다고 말했다.

"나는 우리 민족의 밝은 미래를 믿기 때문에, 장래에 큰 소망을 가집니다. 나는 우리 민족의 본질에 대하여 조금도 의심하거나 비관하지 아니합니다. 우리는 넉넉히 대사업, 곧 빼앗긴 나라를 되찾을 수 있고, 또한 이룰 수 있는 민족이라고 굳게 믿습니다."

도산은 우리가 독립을 이룩하기 위해 속이거나 거짓말하지 아니하고 진실하여 신용의 자본을 다 함께 저축하고, 국민 한 사람 한 사람이 각자 한 가지 이상의 학술이나 기술을 익혀서 전문 직업을 감당할 수 있는 지식의 자본을 저축하자고 역설하였다.

"거짓말을 습관처럼 되풀이하는 사람, 자기 일에 열중하지 않는 사람은 성공할 수 없다. 거짓말을 잘하는 사람은 그 입을 개조하여 참된 말만 하도록 합시다. 글 보기 싫어하는 사람은 그 눈을 개조하여 책 보기를 즐겨 하도록 합시다. 게으른 습관을 가진 사람은 그 몸을 개조하여 활발하고 부지런한 사람으로 다시 태어나야 합니다."

수형기록 카드에 부착되어 있는 안창호 정면 및 프로필 사진

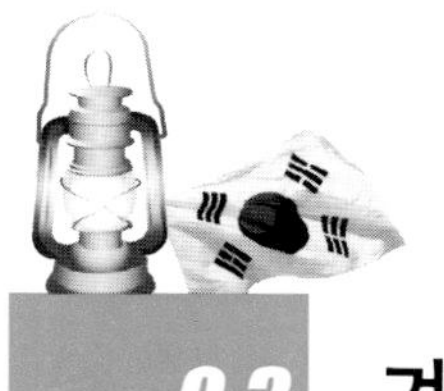

03 계속되는 체포·감옥살이

도산의 생애는 험난한 가시밭길의 연속이었다.

1928년 중국 상하이에서 한국독립당을 결성하여 독립운동을 전개하다가 1932년 체포되어 4년 실형 선고를 받고 2년 반 만에 가출옥하였다.

감옥에서 풀려난 뒤, 고향으로 돌아왔다. 고문과 감옥살이 후유증으로 몸과 마음이 무척 지친 도산은 평안남도 대보산 송태산장에 은거하면서 이상촌 건설 계획과 독립운동의 활기찬 구상을 하고 있었다. 자신을 찾아오는 사람들에게 힘을 기르라고 권유하면서 조용히 지냈다. 그러나 주위 사람들이 가만히 있으라고 내버려 두지 않았다. 자신도 움직여야 한다고 생각하였지만, 우선 건강을 다시 찾는데 힘썼다.

그러던 차에 1937년 동우회 사건이 터졌다. 일본 경찰은 동우회 간부들을 체포하고, 도산도 배후 인물로 지목해 체포하였다. 도산은 서대문형무소에 수감되었다. 세 번째 감옥살이다.

동우회는 1929년 11월에 조직된 민중 계몽 운동 단체이다.

도산의 독립운동 정신과 민족 계몽사상의 지도 이념을 따르는 사람들이 모여 만들었지만, 그 내막은 사실상 독립운동을 내걸었다.

소설가 이광수와 주요한 등이 중심이 되어 처음에는 수양동우회로 출발하였다. 그러다가 흥사단 동지들과 연합하여 동우회로 이름을 바꾸었다. 동우회 회관을 마련하고 ≪동광東光≫이라는 잡지를 발간하면서 민중 계몽사상을 통한 독립운동을 전개하였다.

일본 경찰은 ≪동광≫ 잡지 내용을 트집을 잡아 동우회 사건이라는 명목으로 중심인물인 이광수 · 주요한을 체포하고 안창호도 배후 인물이라는 혐의로 체포한 사건이다.

동우회 사건으로 체포되어 일본 경찰에게 고문을 당하고 서대문형무소에 수감되었다가 대전형무소로 옮겨졌다.

도산은 계속되는 체포, 고문, 감옥살이로 몸은 엉망이 되고 말았다. 성한 곳이 없었다. 온몸에 병이 든 것은 대전형무소 감옥생활과 종로 유치장 생활 때문이었다. 대전형무소 감옥생활로 숙환인 소화불량이 더욱 악화되었고, 폐와 간도 나빠졌다.

질병의 악화로 병보석을 신청하였다. 친구인 윤치호와 안창호를 평소에 흠모하던 김성수는 보석금을 내주면서 석방과 구명 운동을 하였다.

그로부터 4개월 뒤에 다시 서대문형무소에 수감되었으나 병세가 심하여 12월 보석을 또 신청하여 받아들여졌다.

그해 크리스마스에 병보석으로 감옥에서 나와 경성제국대학 지금의 서울대학교병원에 입원하였다. 윤치호 · 김성수 등이 보석금을 지불하여 형무소에 수감된 지 2년 반 만에 감옥에서 풀려났다.

이듬해 3월, 도산은 죽음이 가까워졌음을 스스로 깨닫고 사망 직전에 유언을 하였다.

"내가 죽거든 내 시체를 고향으로 보내지 말고……."

"그럼 어떻게 할까요?"

"선산에 묻을 생각 말고, 망우리 공동묘지에 묻어 주게."

"그럴 수는 없습니다."

"아니야, 평소에 지극히 총애하던 제자 유상규의 묘소 옆에……, 유 군이 누워 있는 공동묘지 말이야. 제발 그곳에 묻어 줘."

도산의 건강은 나아지지 않았다. 친구인 윤치호와 그를 스승처럼 따르던 이광수가 좋다는 한약을 보냈지만, 고문으로 온몸이 만신창이가 되고 여러 질병이 겹친 합병증 때문에 병은 점점 더 깊어졌다. 외조카 김순원과 조카딸 안성결, 제자 박정호, 독립운동 동지인 이갑의 딸 이정희 등이 병실을 번갈아 드나들면서 지성껏 병간호를 하였다.

병원비를 대준 윤치호·이광수·김성수가 병실을 찾아왔다.

도산은 혼수상태에 빠지고도 나라를 걱정하며 민족의 실력을 기르고 독립을 준비해야 한다고 중얼거렸다.

"목인아, 목인아! 네가 우리 민족에게 큰 죄를 지었구나!"

도산은 병상에서 목인, 곧 일본 무쓰히토 왕을 규탄하는 말을 거침없이 하여 병원 의료진과 병실에 있던 여러 사람들을 놀라게 하였다. 그러나 그 말을 하는 도산의 정신은 이미 혼미하여 박력이 없었다.

도산은 또 무슨 말을 하려고 했으나, 입안이 마르고 혀가 잘 돌지 않아서 말을 못하였다. 몸이 극도로 수척하여 얼굴을 알아보지 못할 정도였다. 숟가락으로 물을 떠서 입술에 축여 주니 비로소 말을 하였는데, 그 말이 너무나 충격적이었다.

서대문형무소 수감 시 안창호

"너무 슬퍼하지 마오. 아내와 아이들은 잘 있는지? 이렇게 문안을 와 주니 참 반갑소. 이 홑이불을 들고 내 다리와 몸을 보오. 이렇게 되곤 사는 법이 없소. 나는 대전 감옥에서 위까지 상한 몸인데 다시 삼복더위에 종로경찰서 좁은 유치장에서 10여 명이 갇히는 바람에 내 몸은 견딜 수가 없었소. 의사의 말이 나는 지금 일곱 가지 병에 걸렸다고 하오. 지금 치아가 상하여 빠졌고, 폐와 간이 상하고, 복막염, 피부염 모두 성한 곳이 없소. 종로경찰서가 나를 이렇게 만들었소. 나는 지금 아무것도 먹지 못하니, 전신에 뼈만 남고 피가 말랐소. 나를 일으켜 안아 주시오."

도산의 말은 마지막 절규와도 같았다.

목인, 무쓰히토

목인睦仁(1852~1912년)은 일본 왕 무쓰히토의 한자 이름이다. 흔히 명치천황明治天皇 곧 메이지 천황이라고 부른다.

16세에 왕이 되고 다음 해에 연호를 메이지로 삼았다. 천황 중심의 새로운 정부를 세우고 과감한 개혁 정책으로 일본의 근대화를 추진하였다. 수도를 교토에서 도쿄로 천도하고 천황 절대 권력을 세웠다.

청일전쟁과 러일전쟁을 승리하면서 침략 전쟁의 발판을 마련하고, 1905년 을사늑약에 이어 1910년 국권 침탈 조약으로 우리나라를 강탈하여 일본의 식민지로 만든 원흉이다.

04 독립운동가의 외길

도산은 암울한 시대에 나라를 빼앗기고 나아갈 방향을 찾지 못하는 민족의 스승이었다. 고난의 세월에 흔들리는 민족의 현장에서 교육과 사상을 일깨워준 지도자였다.

"자손들은 조상을 원망하고 후배들은 선배들을 원망한다. 우리는 우리 민족 불행의 책임을 스스로 지려고 하기보다는 남에게 돌리려고 한다. 도대체 당신은 왜 못하고 남만 책망하는가. 우리나라가 독립을 못하는 것이 '아아! 나 때문'이라고 왜 가슴을 치면서 가슴 아프게 뉘우칠 생각을 아니하고, 어찌하여 그놈이 죽일 놈이요, 저놈이 죽일 놈이라고만 하는가. 내가 죽어야 할 놈이라고 왜 깨닫지 못하는가! 우리 민족이 저마다 망국의 책임자인 동시에 또한 독립의 책임자라고 느낄 때 광복의 빛이 일어난다."

도산이 독립운동에 동참할 것을 호소하면서 한 말이다.

거짓과 위선을 물리치고 진실과 성실함을 생활화하도록 이끌어준 도산의 리더십은 매우 고결하였다. 민족의 수난기에 도산이 보여준 능력과 업적, 그리고 폭넓은 식견과 결단, 화합의 리더십은 일본에 저항하고 민족 교육을 이끈 위대한 것이었다.

미국에서 교포들의 단체인 공립협회를 처음 조직하여 교포들을 챙기기 시작했을 때의 열성, 한국인 노동자들을 야학에 모아 공부시키고, 또 한편으로는 교포들이 일하는 과수원을 찾아다니면서 "귤 하나도 정성껏 따는 것이 곧 나라를 위하는 것" 이라며 솔선수범한 인품을 통해 성실한 생활 태도와 참다운 교육자의 리더십을 보여준 것이다.

이처럼 성심의 자세를 평생 지켰고, 무실역행을 생명처럼 삼아 강인한 인내력을 갖게 하고, 단합의 정신을 심어주었고, 충의용감을 통해 단결 단합을 가다듬게 하였다

교육의 기본 원리로 성실성과 점진성을 강조하고, 인생관과 세계관의 근본 바탕을 서로 믿고 사랑하는데 두었다. 인간이 믿고 의지하며 사랑하여야 할 진리의 등불을 성실이라고 보았다.

특히 공부하는 기본자세로 점진성을 강조한 것은 공부하는 정신과 자세, 그리고 학문과 실행의 가장 기본적인 태도로 본 것이다.

거짓이 없고 맑고 깨끗한 마음으로 모든 일에 정성과 진실을 다해야 한다고 강조함으로써 성실을 자기 스스로 혁신하고 나아가 민족의식을 새롭게 하여 민족을 개조하는 가장 기본 요소로 삼았다.

자기 자신의 생활을 남에게 의지하려고 하지 말고 자기 스스로 개척하고 발전하도록 힘써야 한다고 가르쳤다.

그러한 도산의 사상과 철학은 점진 학교에 이어 대성 학교를 세우고 점진적인 노력으로 대성하는 인물, 미래의 지도자를 길러 내려고 한 데서 가장 잘 나타났다.

도산의 기본 사상은 민족 개조론을 기본으로 하고 있으며, 자주독립을 이룩하려면 넓은 의미의 교육, 즉 국민운동을 통해서만 가능하다고 주장한 것이었다. 도산이 임시정부에서 일하던 그때는, 약소민족들에게 세계정세 변화에 대한 기대감이 비교적 높았던 시대였다. 하지만 도산은 아직 그 시기가 아님을 말하면서, 더 실력을 길러야 할 때라고 강조하였다.

제1차 세계대전이 끝나고 파리에서 강화회의가 열리는 등 바쁘게 세상이 돌아가고 있었다. 3 · 1 독립만세운동 이후 우리 교민들

사이에서도 독립에 대한 기대와 열망이 고조되었다.

일제의 총칼을 무릅쓰고 맨손으로 총궐기한 국내 동포들의 독립만세운동의 정신은 아무도 예상하지 못 했던 놀라운 일이다.

여기서 도산의 생각을 달라졌다.

3·1 독립만세운동을 계승하기 위해서는 어쩔 수 없이 독립운동에 나설 수밖에 없다고 결심했다. 그리하여 그는 국민회의 대표 자격으로 중국으로 건너갔다. 도산이 1919년 5월 말 상하이에 도착했을 당시에는 이미 임시정부가 조직되고, 도산은 내무총장에 선임되어 있었다.

임시정부에 들어간 도산은 당초 정부 형식이 아닌 정당 형식의 독립당 결성을 주장했었다. 하지만 임시정부 수립은 이미 기정사실로 되어 있었고, 청년들은 도산의 취임을 강력히 재촉하였다.

"임시정부는 이미 세워졌습니다. 내각 발표도 끝났고요. 이제 국무 위원으로 취임하시어 임시정부를 이끌어 가는 일만 남았습니다."

도산은 청년들의 뜻을 받아들였다.

도산은 각료로 취임해 국무총리 서리를 겸하면서, 아직 명의상의 정부에 불과한 임시정부의 실체를 갖추는 데 온몸을 던졌다.

국민회에서 가져온 자금으로 임시정부 청사를 얻고 각료로 추대된 사람들을 불러 모았다. 도산이 먼저 생각한 일은, 일단 만들어 놓은 임시정부를 권위 있는 대한민국의 최고 지도 기관으로 만들어 장기적인 독립운동에 대비하는 것이었다.

상하이 임시정부 외에도 이미 연해주에 대한 국민 의회 정부가 조직되어 있었고, 서울에서도 한성정부가 구성되어 있는 실정이어서 그 통합이 시급하였다.

"임시정부를 하나로 묶어야 한다. 제각각 임시정부를 세워서 독립운동을 한다는 것은 곤란하다. 우리 민족이 단일민족 하나인 것처럼 정부도 하나가 되어야 한다. 둘, 아니 세 개의 정부가 있다는 것은 말도 안 된다."

도산은 임시정부를 통일하는 작업으로 뛰어들었다. 3개월에 걸친 헌신적인 노력 끝에 결국 9월에 들어 통합을 이루어냈다. 임시정부를 통합한 뒤 조각을 다시 짜는 일이 시급했다. 통합된 임시정부의 각료들은 상하이 임시정부의 조각을 중심으로 삼기로 마음먹었다.

그러나 국무총리 이동휘와 임시 대통령 이승만의 갈등과 대립이 심각하게 불거졌다. 도산은 적극적으로 중재에 나섰다. 그럼에도 불구하고, 이동휘가 먼저 임시정부를 떠나고 이승만도 미국으로 가 버리는 사태가 벌어졌다.

도산은 임시정부의 위기를 타개하여야 한다고 외쳤다.

"위기에서 벗어나야 하오! 나라의 독립을 위해서 우리들이 다시 모여 각자의 의견을 하나로 결집할 필요가 있소!"

도산은 이렇게 외치면서 국민대표회의를 열기 위해 힘을 기울였다. 도산의 정성에 감복한 지도자들이 마음을 열고 마침내 1923년 초에 다시 모였다.

그러나 새로운 임시정부를 만들자는 창조론과 임시정부를 보완하자는 개조론, 그리고 현상을 지키자는 고수론 등으로 의견이 엇갈렸다. 임시정부 통합 문제는 국민대표회의에서 결정하는 쪽으로 의견이 모아졌다.

결국, 안창호가 부의장 직을 사임하고 개조파가 대회 불참을 선언함으로써 국민대표회의는 결렬되었다. 도산은 기진맥진하여 있는 힘이 다 빠졌다.

상하이 임시정부는 이승만에 이어 김구가 이끌면서 항일 독립 운동을 계속하였다.

민족의 큰 빛 도산 안창호

"묻노니 여러분이시여, 오늘 대한 사회에 주인 되는 이가 얼마나 됩니까. 어느 집이든지 주인이 없으면 그 집이 무너지거나 그렇지 않으면 다른 사람이 그 집을 점령합니다. 어느 민족 사회든지 그 사회에 주인이 없으면 그 사회는 망하고 그 민족이 누릴 권리를 다른 사람이 취하게 됩니다.

이와 같이 자기 민족사회가 어떠한 위난과 비운에 처하였든지 자기의 동족이 어떻게 못나고 잘못하든지 자기 민족을 위하여 하던 일을 몇 번 실패하든지, 그 민족사회의 일을 분초에라도 버리지 아니하고 또는 자기 자신의 능력이 만족하든지 부족하든지, 다만 자기의 지성으로 자기 민족사회의 처지와 경우를 의지하여 그 민족을 건지어 낼 구체적 방법과 계획을 세우고 그 방침과 계획대로 자기의 몸이 죽는 데까지 노력하는 자가 그 민족사회의 책임을 중히 알고 일하는 주인이외다."

05 위대한 독립투사의 리더십

도산은 1938년 3월 10일 경성제국대학 부속병원현재 서울대학교병원에서 간경화로 별세하였다. 60세 아까운 나이로 세상을 떠났다. 병명은 '간경화증 겸 만성기관지염 겸 위하수증'이었다.

대한민국 독립운동의 정통성을 보여준 지도자 도산은 그렇게도 갈망하던 조국 광복을 보지 못한 채 눈을 감았다. 도산은 일본에 빼앗긴 우리나라의 독립을 위해서, 국민들이 암울한 환경에서 깨어나기를 갈망하여 일본 제국주의에 맞서 모진 탄압을 받으며 맨몸으로 항쟁하다가 세상을 떠났다.

민족의 큰 스승 도산의 장례는 흥사단과 수양 동지회 회원의 주도로 거행되었고, 윤치호 · 이광수 · 김성수 · 여운형 · 여운홍 · 윤치영 · 장택상 등이 참석하여 마지막 길을 애도하였다.

도산의 유해는 망우리 공동묘지에 안장되었다. 도산의 유언에 따라 사랑하는 제자 유상규의 묘소 뒤편에 산소를 마련한 것이다. 장례를 지낸 뒤에도 애도하는 인파가 이어지자, 조선총독부는 헌병을 보내 만일의 소요 사태를 막는다는 핑계로 망우리 묘지 입구에서 여러 날 동안 방문객을 일일이 심문하고 출입을 감시하였다.

이승만은 일본이 현상금을 걸어놓은 탓에 고국 방문을 할 수 없어 도산의 장례식에 참석하지 못하고 안창호를 추도하는 한자로 된 만시晩詩를 지어 일제 치하의 한국으로 보내 애도를 표했다. 그 뒤 윤치호와 이광수, 김성수 등에 의해 추도식이 계속되었다.

총독부는 망우리 묘지 관리인에게 1년 동안 안창호의 묘를 찾아오거나 묘의 위치를 묻는 자의 주소와 이름을 빠짐없이 적도록 명령하였다. 하지만 도산의 죽음을 애도하는 사람들의 발길은 계속 이어졌다. 그만큼 일제는 독립운동과 민족 계몽에 헌신하여 수많은 국민에게 존경받던 안창호를 두려워하고 눈엣가시처럼 여겼다. 그래서 도산이 세상을 떠난 뒤에도 무서워했고, 그의 묘소를 찾는 국민들을 경계하였던 것이다.

조국 광복 이후 김구 · 김성수 · 이광수 등에 의해 추도식이 이어졌고, 제1공화국 기간 중에도 흥사단과 그를 존경하던 김성수 · 장택상 · 조병옥 등에 의해 추모 사업이 해마다 계속 이어졌다.

자주독립을 이끌었던 도산의 리더십은 우리 민족의 가슴속에 영원히 살아 있다.

위대한 독립운동가이자 교육가였던 도산 안창호 선생을 모르는 사람은 없을 것이다. 너무 가까이에 있어서 진가를 모르고, 너무 흔해서 귀중함을 모르는 것처럼 말이다. 그러면서도 도산을 제대로 아는 사람도 흔치 않다.

도산은 일본이 우리나라를 강탈한 이후 국민 계몽운동과 독립운동을 병행하면서 신민회 조직, 임시정부 수립, 국민운동 단체의 대통합을 이끌었고, 흥사단 조직, 세 차례의 감옥살이를 거듭하였다. 오직 나라의 독립과 민족의 부흥을 위해 일생을 바쳤다.

그런 도산의 리더십을 오늘 우리는 만나 볼 수 없는 것일까?

우리 정부에서는 독립운동에 활기를 불어넣어 준 도산을 추모하면서 1962년에 대한민국 건국공로훈장 중장 현재의 건국훈장 대한민국장을 추서하였다.

그리고 도산 안창호 기념사업회는 1973년 11월 도산공원으로 이장할 때 미국에 있던 부인 이혜련 여사의 유해를 모셔와 함께 안장하고, 망우리 공동묘지 안의 묘소 터는 본래 모습 그대로 만들어 보존하고 있다.

도산의 일생은 민족의 선각자, 사상가, 교육가, 웅변가, 정치가

건국공로훈장증

대한민국 정부는 우리
나라 자주독립에 이바
지한바 많은 고 안창호
선열에게 건국공로훈장
증장을 추서하여 길이
표창함

대통령 윤보선
내각수반 송요찬
내각사무처장 김병삼

건국공로훈장증

로서 애국, 애족에 헌신한 일생이었다. 민족의 큰 스승 도산은 민족사의 가장 어려웠던 시대에 태어나 59년 4개월의 파란만장의 삶을 가장 모범적인 애국자로 살다가 떠났다. 도산의 육십 평생은 나라 사랑, 겨레 사랑의 표본으로서 오늘날 정치, 국방, 외교, 사회, 교육, 문화, 산업 등 여러 분야에 많은 빛을 안겨주었다.

도산은 좌절보다는 비전을 강조하였다.

민족의 선각자 도산은 실망 속에 빠져 고민하는 동지들에게는 항상 밝은 희망을 갖도록 이끌었고, 나아갈 방향을 잃어버린 국민에게는 명확한 비전을 심어주었다.

이런 일은 투철한 이념과 확고한 민족 의지, 개척 정신이 있었기 때문이다.

안창호의 4대 정신

▶ 무실 : 참에 힘쓰고 진실을 실천하자.

· 실은 진실, 성실, 실질, 실력, 참의 뜻이고
무는 힘쓴다는 뜻

▶ 역행 : 나 자신부터 몸소 행하고 실천하자.

▶ 충의 : 충성과 신의가 중요함을 강조한 말
변절과 불신을 증오

▶ 용감 : 용기 있는 인간, 용감한 국민의 필요성을 강조한 말

| 건국공로훈장 약장

도산의 말씀 어록비語錄碑

그대는 나라를 사랑하는가
그러면 먼저 그대가
건전한 인격이 되라.

우리 중에 인물이 없는 것은
인물이 되려고 마음먹고
힘쓰는 사람이 없는 까닭이다.
인물이 없다고 한탄하는
그 사람 자신이 왜 인물이 될
공부를 아니하는가.

- 우리는 대한제국 사람이므로 대한 사람으로 자신을 호칭해야 한다.
- 나는 밥을 먹어도 대한의 독립을 위해, 잠을 자도 대한의 독립을 위해 해왔다. 이것은 내 목숨이 없어질 때까지 변함이 없을 것이다.
- 낙망은 청년의 죽음이요. 청년이 죽으면 민족이 죽는다.
- 죽더라도 거짓이 없어라!
- 거짓이 많은 국민은 망하고, 거짓이 많은데 부흥하는 국민도 없다.
- 내가 진정으로 부탁하는 바는, 여러분 힘을 기르소서, 힘을 기르소서, 이 말씀뿐이외다.
- 내 마음속에 있는 거짓을 버리고 성誠으로 채우자고 거듭거듭 맹세하자.
- 진리는 반드시 따르는 자가 있고 정의는 반드시 이루는 날이 있다.
- 준비 없고 계획 없는 즉흥적 운동은 실패를 불러들인다.
- 한 번 잘못되면 그 잘못이 언제까지나 남는다.
- 우리는 어디를 가든지 오직 정의돈수情誼敦修 네 글자에 의지해서 살자.
- 마음이 들뜨면 허황하여 패망하고, 착실하면 성공한다.

- 공고한 기초 위에 좋은 건설이 있고 튼튼한 뿌리 위에 좋은 꽃과 열매가 있다.
- 우리가 무엇을 하든지 근거되는 바는 인격 혁명人格革命이라고 생각한다.
- 서로 사랑하면 살고 서로 싸우면 모두 죽는다.
- 너도 나도 모두 사랑을 공부하자. 남자도 여자도 우리 모두 사랑하기를 공부하자. 그래서 우리 민족이 서로 사랑하는 민족이 되자.
- 책방도 학교다, 책은 교사다. 그래서 책방은 더 무서운 학교요, 책은 더 무서운 교사다.
- 우리 중에 인물이 없는 것은 인물이 되려고 마음먹고 힘쓰는 사람이 없는 까닭이다.
- 조국을 망하게 한 것은 이완용만이 아니다. 나도 그 책임자요, 국민 모두에게 책임이 있다.
- 얼렁뚱땅해서는 천년 대업大業을 이룰 수 없다.
- 우리 민족이 저마다 망국의 책임자인 동시에 또한 독립의 책임자라고 느낄 때 광복의 빛이 일어난다.
- 저는 우리 민족의 죄인이올시다. 이 민족이 이렇게 받들어 주는데, 저는 민족을 위하여 아무것도 한 일이 없습니다. 저는

죄인이올시다!

- 나라 일은 신성한 일이니, 신성치 못한 금전이나 수단으로 하는 것은 옳지 않다.
- 위인이란 별 물건이 아니라, 위인의 마음으로 위인의 일을 하는 자가 위인이다.
- 나는 나의 생명을 다하여 오늘 할 일을 오늘 하려고 힘을 쓴다.
- 나는 여러분의 머리가 되려 하지 않고, 여러분을 섬기려 왔다.
- 나 안창호가 죽어서 한국이 독립된다면 죽으리라.
- 세상에 마음 놓고 믿는 동지가 있다는 것처럼 큰 행복이 또 있으랴.
- 대한은 대한민국 사람으로 하여금 혁신하게 하라.

도산 안창호 연보

· 1878년 11월 9일 평남 강서군 초리면 칠리 봉상도도롱섬 출생
· 1886년 고향 서당에서 한문을 배움
· 1894년 서울 구세학당 입학
· 1896년 구세학당 졸업, 조교로 근무
예수교 장로회에 들어감
· 1897년 독립협회 가입, 만민공동회 개최
· 1899년 평안남도 강서에 점진학교 세움
· 1902년 이혜련과 결혼하고 함께 미국으로 건너가 고학
· 1905년 미국 캘리포니아 주에서 대한인공립협회 창립
· 1907년 귀국하여 신민회를 결성, 국권 회복을 위한 3개 목표 세움
평양에 대성학교 세움, 태극서관 설립
· 1909년 청년학우회를 조직
〈대한매일신보〉를 기관지로 하여 활동
· 1909년 안중근 의사의 이토 히로부미 저격 사건으로 체포
· 1910년 일본 통감부의 도산내각 조직 요청을 거부
만주로 망명, 블라디보스토크로 감

· 1911년 유럽을 거쳐 미국으로 망명

· 1912년 미국에서 대한인국민회 중앙총회 조직, 초대 총회장 취임

기관지 〈신한민보〉 창간

· 1913년 미국에서 홍사단 조직

· 1919년 중국 상하이로 건너감

임시정부 내무총장 겸 국무총리 서리가 됨

· 1925년 호놀룰루 태평양 회의에 참석

· 1926년 중국에서 민족유일당 조직

· 1928년 중국에서 한국독립당 창당

· 1930년 농민호조사 세움

· 1932년 윤봉길 의사 의거 배후 인물로 일본 경찰에 체포

· 1935년 4년 실형 받고 서대문 감옥, 대전 감옥 복역.

2년 반 만에 가출옥

· 1937년 동우회 사건으로 체포

서대문형무소에서 병보석으로 풀려나 입원함

· 1938년 3월 10일 간경화증으로 서울대학병원에서 별세

· 1962년 대한민국 건국공로훈장 추서

겨레를 일깨운 민족의 스승

안창호 리더십

초판 1쇄 발행 2013년 9월 10일
초판 2쇄 발행 2015년 6월 10일

지은이 | 유한준
펴낸이 | 박정태
편집이사 | 이명수 감수교정 | 정하경
책임편집 | 조유민 편집부 | 김동서, 위가연
마케팅 | 조화묵, 이상원 온라인마케팅 | 박용대, 김찬영
경영지원 | 최윤숙

펴낸곳 BOOK STAR
출판등록 2006. 9. 8. 제 313-2006-000198 호
주소 파주시 파주출판문화도시 광인사길 161
광문각 B/D
전화 031)955-8787
팩스 031)955-3730
E-mail Kwangmk7@hanmail.net
홈페이지 www.kwangmoonkag.co.kr

ISBN ⓒ2014, 유한준
978-89-97383-15-3 44040
978-89-966204-7-1 (세트)
가격 12,000원